中小企業・ひとり社長のための

「借り上げ社宅制度」のすべて

社宅でトクする！ 節税できる！

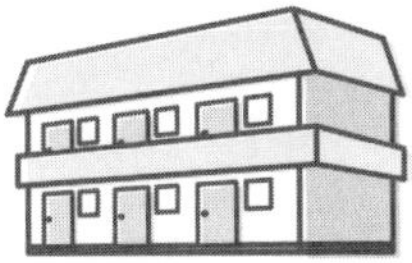

株式会社エル・ディー・ケイ代表取締役社長
有村政高 Masataka Arimura

実業之日本社

はじめに

新卒の入社条件1位は福利厚生だった!

あなたが就職活動をしたときのことを思い出してください。どんな基準で会社を選びましたか?

まずは自分が興味のある業界ややりたい仕事を考えたはずです。上場しているかどうかやブランドも気になるでしょう。大手企業に入って親を安心させたいと思ったかもしれません。

それでは、今どきの若者はどんなことを会社選びの判断材料にしているのでしょうか?

マイナビの「2023年卒　学生就職モニター調査(8月)」によると、入社予定先企業を選択した際に判断材料となったトップ3は以下の情報です。

1位　福利厚生　46・8％
2位　勤務地　36・9％
3位　社風、文化　30・3％

1位は福利厚生なのです。

あなたは就活のとき、福利厚生を最優先に考えていましたか？　働き方改革以前の昭和や平成の就活では、面接のときに福利厚生について質問するのはタブー視されていました。「残業はありますか？」「有給休暇は取得しやすいですか？」などと質問しようものなら、次の選考に進む扉を自ら閉めてしまうようなものでした。

ところが、今や福利厚生重視を公言できるようになったのです。令和の就活戦線は、かつてとはまるで違うのです。

しかも、福利厚生がトップなのは、今に始まったことではありません。少なくともここ5年以上、不動の1位の座に君臨しています。

昭和の経営者は「福利厚生を気にする学生なんて採用しない」と豪語していまし

た。しかし、少子化で人材採用難のこの時代、今や学生側から「福利厚生を気にしない経営者の会社になんか入らない」と三行半を突き付けられます。

福利厚生の良さをアピールすることが、採用戦線で他社との差別化を図る最も有効な手段の1つなのです。

そうはいっても、福利厚生に力を入れるにはコストがかかります。人的リソースの少ない中小企業なら、なおさら大手と張り合っても勝ち目はありません。

ところが、中小企業どころか「ひとり会社」でも取り入れられて、しかも節税策になる福利厚生制度があるのです。

それが本書でご紹介する「借り上げ社宅制度」です。

社員も会社も得する「借り上げ社宅」

「え？　社宅……？」

きっと、あなたの頭の中には「？」が行列をつくっていることでしょう。

大手企業の多くには社宅制度があります。

その背景にあるのは、全国各地に拠点があり、転勤の慣行が続いてきたことです。

そして何より、大手企業は借り上げ社宅制度のメリットを知っているのです。

一方、中小企業の経営者には、借り上げ社宅制度のメリットがあまり知られていません。あるいは、知っていても「うちでは無理だよ」とあきらめてしまっているのではないでしょうか。


借り上げ社宅制度を導入しないのは、本当にもったいない。私は経営者ですが、借り上げ社宅に住んでいます。社員どころか、会長や社長、そして役員たちですら社宅の恩恵を被ることができるのです。


一人暮らしの社員にとって、最大の出費は家賃です。

昔は「月収の3分の1を家賃に充てるのが目安」と言われていました。しかし、今はスマートフォンなどにお金がかかるため、月収の4分の1が目安といわれています。それでも、かなりの負担であることは変わりません。

この大きな負担を、会社が助けてくれるとしたらどうでしょうか？　社員にとっては毎月の家賃負担が激減するのです。福利厚生が充実していることは、採用しやすさや社員の定着率アップにも効果的。さらに、会社にとっても社員にとっても節税効果があるのです。

借り上げ社宅制度は、社員にも会社にもメリットばかり。やらない理由がほとんどないのが、この借り上げ社宅制度なのです。

ところが、採用にも、節税にも借り上げ社宅が効果的であることは、あまり知られていません。

「社宅　節税」などとインターネットで検索すると、いろんな情報がヒットします。しかし、社宅という単語が頭に浮かばなければ、検索するところまでたどり着きません。この制度を知らずに損をしている経営者が数多くいます。

だからこそ、1人でも多くの経営者に知ってもらい、少しでもお役に立ちたいと思っています。

Ａｍａｚｏｎで「社宅」で検索してみてください。社宅が企業経営にメリットがあることを解説した本は見つからないことでしょう。

社宅について書かれた本を調べてみると、法制度についてなど、専門的な内容のものしかありません。しかも、それが50年前の本だったりするので驚きです。

そう、本書は、日本で初めて借り上げ社宅のメリットと導入方法を具体的に解説した本なのです。

年間3000件の社宅を斡旋できるワケ

みなさんは、不動産会社というと、どんなイメージがありますか?

若い方なら、賃貸アパートやマンションを借りるときに利用した駅前の「○○ショップ」や「△△ハウジング」といった仲介会社をすぐに思い浮かべるでしょう。マイホームを購入したことがある方なら、売買専門の仲介会社を思い起こすかもしれません。中には、財閥系の大手デベロッパーを思い浮かべる人もいるでしょう。

私は、株式会社エル・ディー・ケイ(LDK)という不動産会社を経営しています。しかし、一般のお客さまとはほぼ接点がありません。というのも、業界でも少し特殊な不動産会社だからです。

ＬＤＫは大阪と東京、名古屋にオフィスがありますが、路面に店舗は出していません。インターネットに物件広告も掲載していません。一般のお客さまの集客を一切していないのです。

なぜなら、ＬＤＫは社宅などの法人向けの不動産ビジネスに特化しているからです。

それなのに、年間６０００件のお問い合わせがあり、このうち３０００件が成約しています。毎年『全国賃貸住宅新聞』が仲介件数ランキングを発表していますが、大阪が本社のＬＤＫは関西エリアで10位にランクインしました（２０２２年1月号）。

それだけ法人向け仲介のニーズがあるということです。

私はこれまで数多くの大手・上場企業の借り上げ社宅をお手伝いしてきました。

しかし、日本の会社の99％以上を占めるのは中小企業です。約４００万社の中小企業が社宅制度自体を知らず、活用していないのは、経済的にも大きな損失です。

経費節減や優秀な人材の採用、離職防止など、会社にとっていいことずくめ。

安く安心して住む場所を確保できるという社員にとっていいことずくめ。

こうした借り上げ社宅制度を導入しない手はありません。

節約のために、コピー紙の裏紙を使う企業は多いでしょう。しかし、借り上げ社宅制度はその10倍、１００倍、いや１０００倍も経営にメリットがあるのです。

本書は、社宅制度に馴染みのない方に向けて、基礎の基礎から解説しました。

ぜひ、この素晴らしき社宅制度をあなたの会社で導入してほしいと思っています。

社宅でトクする！　節税できる！

中小企業・ひとり社長のための「借り上げ社宅制度」のすべて　目次

第1章　借り上げ社宅制度を知らない中小企業が9割

第2章 社員はお金が貯まって仕事にも集中できる! ～社員のメリット～

第3章 会社はこんなに得をする！ ～会社のメリット～

第4章 社員が喜ぶ社宅制度のつくり方

第5章 社宅を借りよう！

第6章 「社員の住むところ革命」を巻き起こす

第7章　これでわかった！「借り上げ社宅制度」Q&A

第1章

借り上げ社宅制度を知らない中小企業が9割

大手企業は社宅を所有するのが当たり前だった

3～4階建ての団地のような建物――。

社宅というと、そんなイメージを持っている方が多いかもしれません。ひと昔前に比べれば戸数もかなり減りましたが、今でも大手企業の社有社宅が日本各地に残っています。工業地帯には、何棟もの社宅が建ち並ぶ社宅街が広がっているエリアもあります。

兵庫県加古川市には、明治時代に建てられたニッケ（日本毛織株式会社）の社宅街が残っていて、数々の映画やテレビドラマのロケ地になっています。

そもそも「社宅」とは、企業が福利厚生の一環として社員に提供する住まいのこと。

かつての日本の高度成長期を牽引した鉄鋼や化学、セメント、製紙といった重厚長大産業や銀行、保険、総合商社などの大手企業のほとんどは自社で社宅を建てて所有していました。

公務員向けには「官舎」と呼ばれる社宅があります。教職員向けには「教職員住宅」と呼ばれる社宅もあります。今でも僻地の学校には教職員住宅が隣接していることがあります。

かつては日本中に社宅があふれていました。「うちの近くにも大手企業の社宅があったよ」「そういえば、小さいころ、父親の会社の社宅に住んでいたな」という方も少なくないでしょう。

社有社宅や社員寮を次々と手放す大手企業

ところが、1990年代初頭のバブル崩壊以降、社有社宅や社員寮を手放す企業が増えてきました。その理由は大きく3つあります。

1つ目は、社有社宅の維持管理に伴うコストを削減するため。

2つ目は、建物の老朽化が進んだから。

3つ目は、社員の気質が変化したから。社有社宅や社員寮には安く住めるというメリットがある反面、職場とプライベートの人間関係の境目がなくなるという側面があります。社宅では、職場での上司と部下の上下関係がそのまま妻たちの人間関係に持ち込まれることがありました。職場での人間関係をプライベートにまで持ち込みたくないと考える社員が増えたことなどから、企業によっては社有社宅の入居率が低下して、50％を下回るケースも出てきました。

さらに、2020年からのコロナ禍が社有社宅・社員寮離れに追い打ちをかけました。というのも、とりわけ大食堂で食事を取るような集団生活の色合いが濃い社員寮は「密閉・密集・密接」の「三密」の典型的な状態だったからです。

LDKには、社員寮がある会社から「入居者を一時的に避難させるために、マンスリーマンションを手配してほしい」といったご依頼が舞い込んだほどです。

こうした背景から、コロナ禍をきっかけに社員寮を手放した企業がありました。

社有社宅から「借り上げ社宅」全盛の時代へ

大手企業は社有社宅を手放して、社宅制度を廃止してしまったのでしょうか？

そんなことはありません。多くの企業は「借り上げ社宅」へと転換しました。企業によっては「福利厚生賃貸」と呼称していることもありますが、広く一般的に通用するのは借り上げ社宅という呼び方です。

借り上げ社宅とは、会社が賃貸住宅を借りて、そこに社員を住まわせるという制度です。

かつては会社が建物を所有するのが主流でしたが、賃貸マンションなどを借りて社宅にするスタイルへと切り替わっていったのです。

もちろん、今でも新たに社宅を建てたり、購入したりする企業がゼロではありません。

しかし、多くの大手企業が借り上げ社宅制度に移行しているのは、メリットがあるからにほかなりません。建物を建てたり買ったりするには大きなコストがかかりますが、借り上げ社宅制度なら初期投資をほとんどかけずに簡単に始められるのです。

会社も社員も得するワケは？

それでは、借り上げ社宅にはどんなメリットがあるのでしょうか？　第2章以降で詳しく見ていきますが、ここで簡単に整理しておきましょう。

まず、会社側のメリットは次のようなものです。

1. 節税効果がある

「賃貸物件を借りて社員に住まわせるなら、住宅手当でいいのでは？」と思うかもしれません。ところが、借り上げ社宅には節税効果があるのです。簡単に言うと、住宅手当は税金や社会保険料を算出する対象に含まれますが、社宅の会社負担分は含まれず、なおかつ会社の経費になります。

会計年度末になると、利益を圧縮するために会社の備品を買い替える経営者がいますが、借り上げ社宅なら、日ごろから節税になります。

2. 採用活動でアピールできる

今の若い世代は、働きやすさや福利厚生を重視して会社を選ぶ傾向が強まっています。大手企業と同じように借り上げ社宅制度があることは、採用活動でプラスに働きます。

3. 地方の人材を採用できる

借り上げ社宅制度があれば、地方の優秀な人材を採用しやすくなります。

4. 離職防止になる

従業員満足度（ＥＳ）が向上するとともに、会社への帰属意識も高まって離職防止につながります。

こうした会社のメリットに加えて、社員のメリットは次のようなものです。

1. 家賃負担が軽くなる

家計の中で最も負担が大きいのが家賃。この家賃負担が小さくなるのは、社員にとって大助かりです。たとえば、会社が最大4万円分負担してくれるなら、家賃10万円の物件に自己負担6万円で住めます。

2. 通勤時間を短縮できる

会社の近くの少し家賃が高い物件にも住めるので、通勤時間が短くなってストレスが軽減します。

3. 節税になる

社員にとっても、借り上げ社宅は節税効果があります。

4. 手続きが楽

賃貸物件を借りたことがある方はご存じだと思いますが、入居するときの契約がけっこう面倒臭い。毎月の家賃の振り込みも手間がかかります。借り上げ社宅なら、契約は会社がやってくれて、家賃は給料からの天引きなので、社員にとってはとても楽です。

5．在宅ワークに適した物件に住める

コロナ禍をきっかけに、リモートワークが増えました。家で1日仕事をするとなると、それなりに快適な空間にしたいところです。借り上げ社宅なら、全額自己負担よりも仕事しやすい物件に住むことが可能です。

このように、借り上げ社宅は会社にとっても社員にとってもメリットが大きいのです。

中小企業こそ社宅制度を

「そうは言っても、社宅なんて資金が潤沢な大企業がやることでしょ……」

中小企業の経営者や総務担当者は、そんなふうに思ったかもしれません。

社員の住宅費を会社が負担するという側面だけをクローズアップすると、確かにコ

ストアップです。
しかし、借り上げ社宅はコストに見合うどころか、それ以上のリターンがある制度です。少なくとも、住宅手当とは比べものにならないくらいメリットが大きいのです。

大手企業では当たり前になっている借り上げ社宅制度のメリットが中小企業にはあまり知られていないこと。そして、手続きにそれなりに手間がかかること。こうしたことから、中小企業での借り上げ社宅制度の導入は進んでいません。

私が経営するＬＤＫは60人ほどの規模ですが、借り上げ社宅制度を導入していいます。ＬＤＫに限らず、借り上げ社宅制度を導入している中小企業がほかにもあります。

大手企業に比べれば、中小企業は福利厚生に投じられる資金が限られるでしょう。小さな投資で大きな効果が生まれるコストパフォーマンスのいい借り上げ社宅制度こそ、中小企業に向いている福利厚生制度です。

「社宅があるから」が入社理由!?

弊社の社員に「何でうちを選んだの？」と、質問してみたところ、いくつか理由が挙がりましたが、その中の１つが借り上げ社宅制度だったと言う若手社員がいました。その社員は、大手企業が導入しているイメージが強い社宅制度があるのなら、きっとしっかりとした会社だと思ったと言うのです。

「社員のことをちゃんと考えている会社」

そんなイメージを求職者に与えることができるのが社宅制度です。少なくとも、マイナスにとらえる人はいないでしょう。

就活サイトや転職サイトに求人広告を掲載するとき、採用担当者は求人メディアの制作スタッフに次のように聞かれることでしょう。

「福利厚生は何がありますか？」

「確定拠出年金制度はありますか？」

「退職金はありますか？」
「財形貯蓄はありますか？」
いろいろ質問されたものの、取り立てて何もないので、結局「各種社会保険完備」とだけ記すというのが中小企業ではよくあること。福利厚生欄は大手企業と中小企業の差が目立つ部分です。

ここに「借り上げ社宅制度」と記せるだけで、求職者に与えるインパクトが変わるはずです。

社員の一番の出費は高い家賃

家賃負担は、収入の3分の1が目安だといわれます。それでは実際の家賃負担はどれくらいなのでしょうか。

総務省の「平成30年住宅・土地統計調査」によると、居住用借家の平均家賃は全国平均で5万5695円でした。

東京都の平均家賃は8万1001円と、全国平均より2万円以上高くなっています。

路線や駅からの距離などによって異なりますが、東京なら23区内なら10万円前後、市部でも８万円くらいかかります。

厚生労働省の「令和元年賃金構造基本統計調査（初任給）」によると、大卒の初任給は21万円でした。初任給は上昇傾向にあるので、今は22～23万円にはなっているでしょう。

家賃８万円なら、よくいわれているように収入の約３分の１に当たります。しかし、23区内で家賃10万円の物件に住むと、実に収入の半分近くが家賃に消えていくのです。これではほとんど家賃のために働いているような状況です。借り上げ社宅制度や住宅手当がなければ、都内で一人暮らししながら働くのは家計的に厳しいと言わざるをえません。

借り上げ社宅制度によって家賃負担を軽減することは、社員の生活基盤をサポートする有力な手段になりえるのです。

なぜ、不動産会社が社宅をもっと取り扱わないのか？

借り上げ社宅は、社員個人ではなく、会社が賃貸物件のオーナーと賃貸借契約を結びます。年間の賃貸仲介件数は、２３０万件ほどです。このうち個人契約が87％を占めていて、法人契約はわずか13％くらいしかありません。

ＬＤＫが仲介件数ランキングで関西10位にランクインしたことははじめにで述べました。ほかにトップ10に入ったのは、大手系チェーンに加盟していて数十の路面店を展開している会社ばかりです。つまり、個人を対象にしたビジネスを展開していきます。

不動産仲介ビジネスは、個人のお客さんを相手にしたほうが圧倒的に市場は大きいのです。

借り上げ社宅などの法人契約は、ニッチな分野です。

しかも、仲介会社にとっては法人より個人とのやり取りのほうがやりやすさもあります。

仲介会社が契約書を提示したとき、「この第何条の何項はおかしくないですか？」と細かく指摘する個人のお客さんはまずいません。ところが、相手が法人の場合、「この条項を変更してください」と要望が出てくる可能性が高い。

たとえば、契約書の条文に賃料改定というのがあります。「甲の改定要件に対して、乙は承諾しなければならない」といったことが記されていることがあります。簡単に言うと、オーナーが「家賃を上げます」と言ったら、借り手は受け入れなければならないということです。

あなたが賃貸物件に入居しているなら、契約のときにこの条項をチェックしましたか？　きっとスルーしているはずです。契約書を引っ張り出して確認してみてください。

個人はこうしたことを見過ごしますが、法人は隅々まで目を光らせます。法人は「オーナーが一方的に有利になるような契約内容は飲めない」と突っぱねて、『乙と協議の上』という文言に変えてください」と要求を出してくるのです。

あるいは、賃料の支払いが25日だとしたら、「月末にしてください」と変更を求める企業もあります。

解約予告は個人の場合、2カ月前が多いのですが、企業は急な転勤があるため1カ月前でないと契約できない会社があります。2カ月だと、1カ月分多く払わなければならないからです。

仲介会社は法人を相手にすると、こうしたことを一つひとつクリアしていかなければなりません。

法人契約に慣れていない仲介会社では、物件の管理会社に問い合わせて「法人契約なんですが、こういった条項を変えてほしいと言っています。ご紹介しても大丈夫ですか?」と確認しなければなりません。それでNGが出たら、お客さんと何度もやり取りが発生します。

仲介会社はこうしたわずらわしいやり取りを予防するために、あらかじめ「この管理会社なら契約書の変更に応じてくれる」ということを把握しなければならないのです。

個人のお客さん相手なら、こうした面倒な作業が発生しません。個人のお客さんに対しては「借りる気があるならすぐ契約金を明日振り込んでください」で済んでしまいます。

仲介会社の営業マンは、できるだけ多く成約して評価を上げ、歩合給を稼ぎたい。何とか月内で契約して売り上げを立てたいというケースもあるでしょう。ところが、法人相手では自分で契約までのスケジュールをコントロールしにくい。同じ仲介手数料をもらうのに、やることが複雑すぎて面倒くさいと感じる営業マンがいるわけです。

ですから、仲介会社は法人契約に必ずしも積極的ではないのです。

こんなに違う！　関東と関西のオーナーの反応

大阪で法人向けの不動産仲介をやっていた私は東京に出てきて驚きました。東京の管理会社に法人契約の話をすると、「法人契約は面倒臭い。個人にしてほしい」と嫌がられるではありませんか。これは衝撃的でした。というのも、大阪のオーナーには法人契約のほうが歓迎されるからです。

大阪では、法人契約なら何でも通るくらいの感覚でしたが、東京では「面倒臭い」と言われてしまうのです。

この背景には、首都圏と関西圏の賃貸事情の違いがあります。

公益財団法人日本賃貸住宅管理協会の賃貸住宅景況感調査「日管協短観」（2020年10月～2021年3月）によると、月初全体の滞納率（2020年下期）は、首都圏4・1％なのに対し、関西圏は8・2％。首都圏に比べると、関西圏は滞納者が圧倒的に多いのです。

このため、関西圏のオーナーからすると、個人に貸して家賃を滞納されるより、多少のわずらわしさはあっても法人に貸して家賃を確実に確保したいわけです。

個人に貸して、家賃を滞納された挙句に夜逃げでもされたら、オーナーは残された家具や家電を処分しなければなりません。敷金1カ月分を預かっていたところでマイナスです。

法人との契約なら、たとえトラブルになったとしても、所在地がわかるので対応してもらえるという安心感があるわけです。

ただ、地方のオーナーの中には「法人契約は面倒臭い」「契約書の条文は変えたくない」という人もいます。

賃貸物件の法人契約に対する考え方は、地域やオーナー、仲介会社によって大きく異なるのです。

個人しか契約できないという思い込み

そもそも借り上げ社宅を導入したことがなければ、賃貸物件を法人名義で借りて、そこに社員を住まわせるという発想自体がないかもしれません。賃貸住宅を借りるのは個人という思い込みもあるでしょう。

「大手ならまだしも、中小企業だと審査が通らないのでは？」

といった疑問が頭に浮かんだ方もいるでしょう。

LDKは社員数60人くらいで、決して大企業ではありません。それでも30戸ほどを法人契約して、社宅として借りています。50～60人規模でも社宅制度がある会社はほかにもあります。それどころか、経営者1人だけの会社でも法人契約を結ぶのは決して難しくありません。

最近は、家賃保証サービスへの加入を条件とする物件が増えてきました。家賃保証サービスとは、連帯保証人に代わって家賃を保証するもの。あなたが賃貸物件に住んでいるなら家賃保証に加入しているかもしれません。

中小零細企業でも、家賃保証に加入すれば基本的には物件を借りられます。

今後の外国人労働者の増加にも対応

日本は世界でも類を見ないペースで少子高齢化が進んでいます。団塊ジュニア世代は1学年約200万人いましたが、近年は1学年100万人程度。若者の数が30年前に比べて半分くらいになっているのです。日本人の平均年齢は、すでに約48歳です。若い人材の不足が深刻化してきました。

コロナ禍以前は、飲食店やコンビニエンスストアの店員、あるいは建設現場では、外国人が急増していました。中小のIT企業でも外国人エンジニアの姿が目立つようになっていました。コロナ禍で来日自体が難しくなって減少しましたが、ポストコロナで再び外国人労働者や実習生が増えていくと予想されます。

ところが、外国人は賃貸物件を個人では借りにくい。家賃保証に加入すれば借りられることもありますが、審査が通らないこともあります。

そこで借り上げ社宅の出番です。

会社が法人契約して、外国人スタッフを住まわせればいいわけです。

実際、ＬＤＫには、外国人の方の住まいのご依頼も多い。ＬＤＫの場合、世界的なＩＴ企業や金融機関の幹部をはじめとするエグゼクティブ層向けの都内の高級物件を手がけることが少なくありません。最近は裾野が広がり、留学生向けの社宅のご依頼も増えてきました。

今後の外国人労働者の増加に対応するためにも、借り上げ社宅制度の導入にはメリットがあるのです。

大手企業の社長が社宅に住んでいる!?

「大手企業の会長が社宅に住んでいる」

そう聞いても、ピンと来ない方が大半でしょう。社宅といえば、若手社員やまだ子どもが小さい若い世帯といったイメージがあるかもしれません。

しかし実際には、会長や社長、役員ら、経営層も社宅に入ることができます。これは意外と知られていないかもしれません。あなたが経営者で、賃貸物件に住んでいるなら、社宅にすることができるのです。

実際に、超大手企業の会長や社長、役員らが借り上げ社宅に住むというのは決して珍しいことではありません。

たとえば、大阪本社の大手企業のマーケティング担当の役員がいるとします。マーケティングを含めた本社機能の一部が大阪から東京に移ることになりました。その役員は大阪に立派な一軒家を持っていることから、東京に単身赴任することになりました。そこで、その役員は東京の借り上げ社宅に住むわけです。こうしたことは、大手企業ではよくあることなのです。

社宅というと、質素なイメージがあるかもしれません。しかし、大手企業の役員が住むのは高級物件。都内のタワーマンションを社宅にしているケースもあります。

ただ、役員向けの社宅には国税庁が定めたルールがあります。このことは第3章で詳しく説明します。

大手企業は借り上げ社宅制度のメリットを広く深く享受しているのです。

私自身、かつては持ち家のマンションに住んでいました。しかし、私の子どもの足音がうるさいということで、下の階の住民からクレームが入ったのです。もめるのが嫌だった私は、妻と相談して引っ越すことにしました。それで借り上げ社宅に入ったのです。

つまり、私自身も借り上げ社宅の住人です。

持ち家は、売却せずに賃貸に出しました。すると、持ち家で受け取る家賃と、借りた物件に支払う家賃がほぼ同じくらいでした。ところが、自宅を借り上げ社宅にしたことで、節税効果によって実質的に手取りが増えるという現象が起きました。少しばかり得したのです。持ち家の人なら、自宅を社宅にすることによって、報酬を増やさずに実質手取りが増える効果を得られる可能性があるのです。

社宅のデメリットをあえて挙げるなら……

借り上げ社宅はメリットの多い制度であることは自信を持ってお伝えできます。しかし、何事にもメリットがあればデメリットもあります。「絶対に儲かります」という儲け話には必ず裏があるように、メリットがある制度にデメリットは付きものです。

借り上げ社宅のデメリットをあえて挙げるとすれば、次のようなものです。

まず、社員のデメリットは、年収の見た目が下がること。

社員からすると、給料としてもらえるはずだった額が会社負担の社宅代に置き替わることによって、年収の額面が下がります。

たとえば、住まいに対する会社負担が3万円だとします。住宅手当なら、3万円が支給されて、年36万円です。給与が年400万円なら、住宅手当が加わって年収436万円になります。

一方、借り上げ社宅の場合、会社負担の月3万円は変わりませんが、支給額は増えません。年収は400万円のままです。

ということは、住宅手当なら年収436万円、借り上げ社宅なら年収400万円となって、見た目の年収に差が出るのです。

万が一、交通事故に遭ったとします。後遺症に対する補償を計算するとき、住宅手当なら436万円、社宅なら400万円という年収が基準になるのです。社宅の場合、不利になる可能性があります。

ただ、交通事故に遭う可能性自体が極めて低いでしょう。なおかつ、36万円差が致命的になるとは考えにくい。

年収の見た目が下がることは、転職するときにも影響する可能性があります。中途採用では、前職の給与を参考にして報酬を決定することが多い。しかし、400万円と436万円では、それほど大きな差ではありません。それまで受けた借り上げ社宅の有形無形の恩恵の総量のほうが大きいケースのほうが多いでしょう。転職先の企業と「借り上げ社宅に入っていたので、実質年収は436万円です」と交渉すればすむ話でもあります。

確かに、年収の見た目が下がるのはデメリットではありますが、実際はそれほど深刻な問題ではありません。

社員にとってのデメリットはそれくらいでしょうか。

一方、会社側のデメリットは、総務担当者の負担が増えること。

当たり前ですが、借り上げ社宅制度を導入すると、総務部門の仕事が増えます。とはいえ、それほど大きな負担ではありません。借り上げ社宅のルールを決めてしまえば、それを運用するだけでいいのです。忙しいのは、入退去が多い3～4月。それ以外はとくに業務が増えることはありません。

社宅代行会社というのもあります。社宅の管理をアウトソーシングすれば、総務の負担は大きくはなりません。

借り上げ社宅にはデメリットもありますが、メリットに比べれば、取るに足りないレベルだと思います。

第２章

社員はお金が貯まって仕事にも集中できる！

～社員のメリット～

「こんな社宅を紹介されたら業績が上がっちゃうよ！」

年商1000億円を超える大手保険会社の会長の借り上げ社宅探しをお手伝いしていたときのことでした。会長は大阪に自宅がありましたが、東京に単身赴任するにあたって社宅に住むことになったのです。

会長のご要望は「製造メーカーも指定で65インチの大型モニターを用意してほしい」などでした。私は、会長のご要望にマッチする物件をいくつかピックアップして、大型モニターも用意しました。

物件の内見の当日。

待ち合わせはホテルでした。会長の部屋探しだけあって、総務担当者はピリピリ。会長の運転手付きの黒塗りのセンチュリーがお迎えに来て、私は助手席に乗り込みました。「ここを左です」と道案内しながら物件へと向かったのです。

私がピックアップした物件のうち、渾身のものを1件目にお連れしました。

そこに一歩足を踏み入れた会長は、

「こんなにいい部屋を紹介してもらったら、仕事に集中できるなあ。会社の業績が上がっちゃうよ」

と、豪快に笑ったのです。

「ここがいい。ここにしよう」

即断即決でした。会社の経営層にとって、自宅はくつろぎの場であるのは当然ですが、時に思考し、アイデアを生み出す仕事の場でもあるのです。

「これだ！」

私はそのとき、ひらめきました。

借り上げ社宅制度は、単に社員の住まいを安く提供するだけでなくて、社員のモチベーションを上げて、会社の業績を伸ばす手段でもあることに気づかされたのです。

ちなみに、このとき、一発で物件が決まって、総務の方も喜んでいました。

たとえ「ひとり会社」でも自宅を社宅にできる

会長や社長、役員でも社宅に住めるということは、代表1人で営んでいる、いわゆる「ひとり会社」でも借り上げ社宅制度を導入することができます。

たとえば、個人事業主が法人化して、合同会社を設立したとします。代表1人で社員はゼロ。もし、代表が賃貸物件に住んでいるのなら、借り上げ社宅にしない手はありません。それだけで節税できるからです。

たとえば次のようなケースが考えられます。

ひとり会社の事業が順調で、月40万円だった自分の報酬を8万円上げて48万円にしたいと考えたとします。そのまま報酬を引き上げると、税金や社会保険料の負担も増えます。

ところが、報酬は40万円のままにして、借りている物件を社宅に切り替え、家賃の8万円分を会社負担にするのです。そうすると、税金や社会保険の負担が増えずに、実質的に報酬が8万円アップというわけです。

２０００年代に入って、日本では起業が少しずつ増えてきました。２０１８年ごろには開業率が下がり始めましたが、２０２２年版「中小企業白書」（中小企業庁）によると、２０２０年のコロナ禍、開業率が前年の４・２％から５・１％へと１ポイント近く上昇しました。コロナ禍の影響でテナント物件の空きが増えたこと、公的な助成金や補助金が手厚くなったことなどが起業家の背中を押しているようです。働き方改革に伴って副業する人も増えてきました。

これからはスタートアップ企業が誕生したり、個人事業主が法人化したりといったことが増えていくとみられます。インターネットの普及で、スモールビジネスがかつてより圧倒的に始めやすくなりました。２０２３年から始まるインボイス制度をきっかけに法人化する個人事業主がいるかもしれません。

ＹｏｕＴｕｂｅｒでも何でも、法人化するのなら、個人で契約している自分の家を社宅に変えたほうがお得です。

今、住んでいる賃貸物件を法人名義に変えるなら、管理会社に「法人名義で借り換えたい」と伝えましょう。送られてきた申込書に必要事項を記入して送り返して、審査さえ通ればあとは会社の経費で払えばいいだけです。

99%の社員は借り上げ社宅を選ぶ

借り上げ社宅制度を導入している企業のほとんどでは、この制度を利用するかどうかは社員自身の自由です。しかし実際には、対象者なのに借り上げ社宅制度を使わない社員はまずいません。実家に住んでいる人などは別にして、自分で部屋を借りる人のほぼ全員が利用します。当然です。全額自腹で物件を借りるよりも、会社に負担してもらったほうが遥かに出費は少ないからです。

社員にとって、自分の勤めている会社に借り上げ社宅制度があることの最大のメリットは、家賃負担が軽くなることです。

たとえば、LDKの場合、社宅に入れるのは入社2年目からです。ある若手社員が家賃8万円の部屋に住んでいるとします。入社2年目になるときに会社に申請すると、住んでいる物件をそのまま社宅に切り替えられるようにしています。

引っ越しすることなく、法人契約に切り替えるのです。

ＬＤＫの会社負担分は、単身者なら月９万円の半額が上限です。家賃８万円の物件に住んでいたら、自己負担がいきなり半額の月４万円になるのです。

会社に申請するなど、多少の手続きの手間はありますが、それだけで給料が実質月４万円、年間48万円増えるのと同じです。これは申請しない理由はありません。

「家賃を補助してもらえるというなら、住宅手当と同じでは？」と思うかもしれません。これが大きく異なるのです。第４章で詳しく説明しますが、住宅手当よりも借り上げ社宅のほうが、税金や社会保険の負担が小さくなるのです。というのも、住宅手当は課税対象になりますが、借り上げ社宅の会社負担分はそうではないからです。課税対象になるどころか、会社の経費に計上できるのです。

ごくたまにですが、個人契約から社宅に切り替えない社員がいます。あなたはどう思いますか？　あくまでも私の推測ですが、その社員は離職が頭の中にちらついているのではないでしょうか？　いったん法人契約にしてしまうと、会社を辞めて個人の契約に戻すのが面倒臭いと考えているのでしょう。ということは、その若手社員が何か悩みを抱えている可能性大。社宅に入居するかどうかをきっかけに、社員のケアにつなげることもできるのです。

バカにならない家賃の振込手数料

賃貸物件に住んでいて、意外と負担が大きいのが振込手数料です。

振込手数料は、金融機関によって異なるだけでなく、同一銀行の同一支店、同一銀行の別支店、他行、さらにはネットバンキングやATM、窓口などによっても異なります。

無料になるケースもあれば、1回500円くらいかかることもあります。

この低金利時代、1回500円の手数料はけっこうな負担。年間6000円です。

さらに、ATMに行って振り込むのも面倒。しかも、多くの会社の給料日の25日以降、ATMは混む時期です。

これに対して、借り上げ社宅なら、社員が自分でＡＴＭに行って家賃を振り込む必要はありません。オーナーと契約している会社が支払うからです。社員は社宅費を給料から天引きされるだけ。家賃に関しては、何もしなくてもいいのです。これは自分で借りるよりも圧倒的に楽です。

家賃の振り込みの面でも、社員にとってメリットは大きいのです。

社員は面倒な手続き一切不要

賃貸物件を借りたことがある人なら、手続きの面倒臭さに辟易とした経験があるかもしれません。親や兄弟に連帯保証人を頼むのも気が引ける人もいるでしょう。

個人で借りるときは、身分証明書や住民票、印鑑証明書、源泉徴収票などが必要です。さらに、連帯保証人の承諾書や住民票、印鑑証明書も必要です。

賃貸物件を借りるときの書類を揃えるのは意外と面倒です。

これに対して、借り上げ社宅に入居するときは手続きも圧倒的に楽です。契約するのは会社なので、自分の親や兄弟に連帯保証人を頼む必要がないのです。

上場企業に勤めているなら住民票や印鑑証明書なども一切いりません。

本人がその会社に勤めているという証となる社員証のコピーと免許証のコピーを仲介会社に提出するだけでOKということがほとんどです。


中小企業の場合は少し事情が異なりますが、それでも個人で契約するよりは手続きが簡素です。

管理会社によっては連帯保証人として経営者の印鑑証明を求められることもあれば、会社謄本の提出を求められることもありますが、あくまでも会社に対してです。入居者個人に求められるわけではありません。

中小企業の法人契約の場合、社長が連帯保証人になるのが一般的。これは、中小企業が借り入れしたとき、個人保証を入れるのと同じような構図です。社員本人は、住民票や免許証のコピー、健康保険証のコピーだけでOKということが多いと思います。

法人契約の場合、社員は契約のために仲介会社に足を運ぶ必要すらありません。物件が決まれば、あとは会社がすすめてくれた引っ越し業者に連絡して、引っ越しの準備をすればいいだけです。

若手のうちは3～4年で転勤していく会社があります。こうした会社では転勤のシステムが確立されています。総務担当者も社員も転勤慣れしているので、社宅の手続きがスムーズにことが進んでいきます。

中小企業でも、各地に営業所を構えているケースがあります。借り上げ社宅制度を導入してシステム化してしまえば、転勤のときの手続きが簡素化できます。

法人契約だからトラブルが起こりにくい

賃貸物件のオーナーからすれば、貸した部屋をきれいに使ってくれて、家賃も毎月欠かさず払ってくれて、近隣住民とトラブルを起こさないような入居者が理想的です。

ところが実際には、賃貸物件をめぐってオーナーはさまざまなトラブルに直面します。

よくあるのが家賃の滞納です。

これは過去に起きた事例ですが、家賃の滞納が続いたことにしびれを切らしたオーナーがカギを勝手に交換して入居者を締め出しました。締め出された入居者がオーナーを訴えた結果、賠償金などを勝ち取ったのです。つまり、家賃を滞納されたからといって、オーナーはカギを勝手に換えられません。日本では、それくらい居住権が強いのです。

あるいは、家賃を滞納されたまま夜逃げされるということもあります。

オフィスの敷金は6～12カ月分が相場なので、夜逃げされても敷金で原状回復費をまかなえる可能性が高い。ところが、敷金が1～2カ月分の居住用の場合、そうはいきません。残された荷物を処分するのがものすごく大変です。勝手に処分するのは違法なのです。明渡請求訴訟を起こして、強制執行手続きを取らなければなりません。

これに3カ月くらいかかります。さらに処分の費用も負担しなければなりません。

さらに言うと、賃貸物件で入居者が亡くなることもあります。

オーナーとしては、こうしたトラブルを避けるために、できるだけリスクの低い入居者に貸したいわけです。

もちろん、企業だからといって家賃を滞納したり、夜逃げしたりする可能性はゼロではありませんが、個人よりは可能性が低い。もし、入居者が亡くなっても、法人が対応してくれることでしょう。何かトラブルがあっても、法人契約ならほったらかしにされることがありません。絶対に逃げない担当者がいるというのは、オーナーにとっては大きな安心材料です。

上場企業に比べれば小さな会社の信頼度は低いといっても、個人よりは安心でしょう。

ただ、小さい会社は倒産リスクがあります。そこで、契約書には「破産手続きを開始した時点でこの契約は解除される」といった条項を入れておくのが一般的です。

いずれにしても、法人契約なら個人契約よりお互いにトラブルになりにくいと言えます。

家具付き住宅は単身者には大助かり

就職して一人暮らしを始めるとき、一式揃えなければならないのが家具・家電です。4月ごろになると、家電量販店や家具量販店は、新生活をスタートさせたであろう人たちで混雑します。家具・家電を揃えるにはお金も手間もけっこうかかります。しかもこの時期、欲しい商品が品薄になっていることも珍しくありません。

買うのも手間ですが、捨てるのも手間。たとえば、一人暮らししていた男女が結婚すると、家具・家電がすべてダブってしまいます。冷蔵庫や洗濯機、炊飯器など、ダブっている家具・家電を大量に処分しなければならないのです。しかも、単身用の冷蔵庫を2台捨てて、ファミリー用の大きな冷蔵庫を1台買うというのもよくあること。何よりこのＳＤＧｓの時代にエコでもありません。

その点、賃貸物件に家具・家電があらかじめ付いていれば、借り手としては大助かりでしょう。

かつて大手企業が持っていた社員寮には、家具・家電が完備されていたものです。社員寮を廃止した企業の中には、家具・家電付きの借り上げ社宅に移行しているケースがあります。単身者向けは家具・家電付きという文化が根づいているからでしょう。

会社都合の転勤がある会社でも、社員の負担や手間をできるだけ省いてあげようと、家具・家電付きの社宅にすることがあります。

しかし、最初から家具・家電が付いている賃貸物件というのはほとんどありません。多分、1％もないと思います。99％以上は何もない空っぽの部屋です。

企業によっては、独身者の転勤や単身赴任のとき、会社が家具・家電を買い揃えて借り上げ社宅に送っているケースがあります。社員が再び転勤になって退去したら、その家具・家電を処分するわけです。

こうした手間を省くために、家具・家電のレンタルサービスを利用する企業もあります。家具・家電のレンタルサービスは、冷蔵庫と電子レンジ、洗濯機の3点セット商品などがあり、1年契約や2年契約になっているのが一般的です。ただ、転勤者の場合、いつ次の異動があるかわかりません。料金の支払先も、家賃と家具・家電では別々です。

そこで、家具・家電を付けた物件をまた貸しするサービスもあります。たとえば、通常は家賃6万円の物件を、家具・家電付きで月6万5000円で貸し出すというものです。この場合、料金は月払いで、支払先も一本化できます。

こうしたサービスを利用すれば、社員は新生活を始めやすく、総務担当者の負担も軽減できます。

店長の転勤が多い飲食チェーンなどでは、会社が同じ物件を借り続けて、入居する社員が入れ替わっていく方式を採用する企業もあります。この場合、レンタルサービスを利用するよりも、家具・家電を会社で買って据え付けたほうが経済的なこともあります。

通勤時間短縮でパフォーマンスアップ

東京23区内に勤め先がある人のほとんどは、満員電車に揺られて通勤しています。ドア・ツー・ドアで1時間以上かけて通勤する人も珍しくありません。

オフィスの近くに部屋を借りたくても、家賃が高くて手が出ない人が多い。自腹で全額払うとなると、少し離れた場所に住まざるをえません。

この点、借り上げ社宅で会社が一定額の家賃を負担してくれたら、会社の近くに住みやすくなります。

通勤時間が減れば、その分、自分の時間が増えます。自己研鑽にしろ、趣味にしろ、自分のやりたいことをやりやすくなります。

さらに、通勤のストレスも減るでしょう。仕事に集中しやすくなります。

コロナ禍以降、在宅ワークを取り入れる企業が増えました。在宅ワークが多い企業の場合、通信環境や仕事スペースなどが整った物件に住まなければなりません。社員の立場からすると、借り上げ社宅制度があれば、働きやすい自宅環境をつくりやすいでしょう。

会社によっては、社員の安全を考えて木造建築や古い建物、違法建築で問題になった会社の物件などを禁止にしています。借り上げ社宅なら安全面でも安心できるというメリットがあるのです。

もしも社員が社宅制度をつくってほしかったら

本書を読んで、借り上げ社宅制度を会社に導入してほしいと思った人がいるかもしれません。しかし、経営者の理解がないと、社員1人で導入することはできません。

そんなときこそ、借り上げ社宅制度のメリットを経営者なり管理部門なりに伝えてほしいと思います。

経営者がなぜ、社宅制度を取り入れないかというと、きっとコストがかかると思っているからです。しかし実際には、コストがかかるどころか、節税効果があり、採用にも有利になるのです。

この採用難の時代、新卒も中途も思うように採用できないのは、福利厚生の貧弱さが原因の1つになっている可能性が高い。

事業が思うように伸びなかったり、人が採用できなかったりと、会社ごとに課題がありますす。「人さえ採用できれば、もっと仕事を受注できるのに」という会社もあるでしょう。

企業を成長させるためにも、人を採用するためにも、借り上げ社宅制度を検討してほしいと思います。

もし、人も増やさないし、業績もこのままでいいというのであっても、節税の面から社宅制度を導入するメリットがあるのです。

やるかやらないかは最終的に経営者の意思決定だと思いますが、借り上げ社宅のメリットを伝えてみる価値はあると思います。

借り上げ社宅が社員の未来をつくる

実は2000年以降、社員寮を復活させる動きも生まれています。2018年には、伊藤忠商事が18年ぶりに社員寮を復活させて話題になりました。東京・月島には「月島荘」といういろんな会社の若手社員が入る社員寮があります。644室あり、大浴場やジムなどがあります。さまざまな会社の若手社員たちの交流も盛んだそうです。

社宅や社員寮の存在そのものが近年、見直されているのです。

社有社宅を手放した大手企業でも、マンションのワンフロアを丸ごと借りて社宅にしていることがあります。新入社員4~5人がまとまって住むわけです。

社員寮とは違ってそれぞれ独立して生活しますが、時には誰かの部屋に集まって飲み会が開かれることもあるでしょう。会社のグチをこぼし合うかもしれません。悩みを共有できる仲間がいるだけで、精神的にもリフレッシュできるはずです。

もしかしたら、若手社員が抱えている問題の解決につながるのかもしれません。

社員寮ほど近すぎない借り上げ社宅は、ちょうどいい距離感を保てる面もあるでしょう。


社宅のあり方は、１００社あれば１００通り。会社の考え方に基づいて、柔軟に仕組みをつくっていけるのも、借り上げ社宅の魅力かもしれません。

20代は、これから30代、40代に向けて仕事や生活の基盤をつくっていく時期です。

借り上げ社宅に住むことによって、お金や通勤時間が浮くことになります。その分、資格を取ったりスキルアップしたりと自己研鑽をする余裕が生まれます。浮いたお金を貯めて家庭を持ったときの資金にすることもできます。

借り上げ社宅に興味がある経営者は、きっと社員の将来のことを考えているのではないでしょうか。未来を担う人材を育成するためにも、借り上げ社宅を活用してはいかがでしょうか。

COLUMN

福利厚生が充実すると、社風が良くなる!?

私はこれまで、数多くの企業の社員の方々に社宅物件をご案内してきました。面白いもので、社員の方々と接していると、社風が垣間見えるのです。

あくまでも私の肌感覚ですが、福利厚生が充実している企業ほど、社員の方々の人柄がいいという傾向があります。福利厚生が手厚い企業では、社宅を斡旋した後の入居後のトラブルが少なく、クレームを付けてくるような社員もほとんどいません。

たとえば、ある大手の石油元売り会社は驚くほどいい人たちばかり。会う方、会う方、みなさん人柄がいいのです。自分の子どもを将来入社させたいくらいです。

福利厚生が充実させることが、社員たちの心に余裕を生み、穏やかな社風を育むのかもしれません。

第３章

会社はこんなに得をする！

～会社のメリット～

住宅手当と比べてこんなにお得！

ここでは、社宅借り入れ制度を導入すると、会社と社員が1年間でどれだけ得するのかを見てみましょう。

会社員なら、毎年年末に源泉徴収票が渡されると思います。源泉徴収額は、課税所得や扶養親族の人数などによって決められています。

一方、中小企業の多くが加入している協会けんぽの社会保険料に関しては、保険料が都道府県によって若干違います。

東京都の場合、健康保険の保険料は、40歳未満が9・81％、40歳以上が11・45％です（令和4年3月分〈4月納付分〉からの健康保険・厚生年金保険料の場合。料率は毎年変わります）。40歳以上は介護保険に入るのでさらに負担が大きくなります。

厚生年金は年齢にかかわらず18・3％です。

40歳未満でも、健康保険と厚生年金を合わせて保険料が報酬月額の28・11％もかかるのです。つまり、総支給額の約3割は社会保険で引かれるのです。これを、会社と社員が折半で負担します。

問題は、税金や社会保険料が「総支給額」に対してかかってくること。総支給額には、住宅手当などの各種手当も含まれるのです。つまり、住宅手当を支給すると、税金や社会保険の負担がアップするのです。

それでは東京都の場合でシミュレーションしてみましょう。

次ページの比較表をご覧ください。

上が住宅手当バージョン、下が借り上げ社宅バージョンです。

次ページをCheck!

【住宅手当と借り上げ社宅の参考比較表／家賃12万円の場合】

※子ども＝16歳以上

	【40歳以上・扶養1名・子ども1名】			【40歳未満・扶養なし】		
◆東京都／住宅手当	手当8万円	手当5万円	手当3万円	手当8万円	手当5万円	手当3万円
給与	300,000	300,000	300,000	300,000	300,000	300,000
住宅手当	80,000	50,000	30,000	80,000	50,000	30,000
総支給額	380,000	350,000	330,000	380,000	350,000	330,000
社会保険（介護含）	21,755	20,610	19,465	18,639	17,658	16,677
厚生年金	34,770	32,940	31,110	34,770	32,940	31,110
課税対象額	323,475	296,450	279,425	326,591	299,402	282,213
源泉所得税	7,720	6,640	5,990	10,630	8,420	7,710
賃料支払い	120,000	120,000	120,000	120,000	120,000	120,000
手残り	**195,755**	**169,810**	**153,435**	**195,961**	**170,982**	**154,503**
◆東京都／借上社宅	借上8万円	借上5万円	借上3万円	借上8万円	借上5万円	借上3万円
給与	300,000	300,000	300,000	300,000	300,000	300,000
住宅手当	0	0	0	0	0	0
総支給額	300,000	300,000	300,000	300,000	300,000	300,000
社会保険（介護含）	17,175	17,175	17,175	14,715	14,715	14,715
厚生年金	27,450	27,450	27,450	27,450	27,450	27,450
課税対象額	255,375	255,375	255,375	257,835	257,835	257,835
源泉所得税	5,140	5,140	5,140	6,850	6,850	6,850
賃料支払い	40,000	70,000	90,000	40,000	70,000	90,000
手残り	**210,235**	**180,235**	**160,235**	**210,985**	**180,985**	**160,985**
月額個人差額	14,480	10,425	6,800	15,024	10,003	6,482
年間個人差額	**173,760**	**125,100**	**81,600**	**180,288**	**120,036**	**77,784**
月額会社差額	11,900	8,925	5,950	11,244	8,433	5,622
年間会社差額	**142,800**	**107,100**	**71,400**	**134,928**	**101,196**	**67,464**

※1　令和4年3月分（4月納付分）からの健康保険・厚生年金保険の料率で計算しています
※2　このほか住民税もかかりますが、毎年変動するため省略しています

40歳未満の単身者　給与が月30万円　家賃12万円の場合

○住宅手当として５万円を支給

住宅手当を月５万円支給すると、総支給額は35万円です。

この35万円に対して源泉所得税８４２０円（35万円－社会保険料５万５９８円＝29万９４０２円が所得税対象）と社会保険（５万５９８円）がかかってきます。

その結果、手残りは月17万９８２円（給与35万円－社会保険５万５９８円－所得税８４２０円－家賃12万円）です。

○借り上げ社宅で会社が５万円負担

借り上げ社宅にすると、会社が５万円負担しますが、総支給額が増えません。この５万円は会社の経費になります。このため、源泉所得税や社会保険料は30万円にかかります。

家賃を払ったあとの手残りは月18万９８５円（給与30万円－社会保険４万２１６５円－所得税６８５０円－個人家賃負担７万円）です。

年間で比較すると、社員個人は12万36円、会社は10万1196円お得なのです。

住宅手当から借り上げ社宅にするだけで、こんなに差が出るのです。


「何だ、会社側は年間10万円ちょっとか」

大きな節税を期待する経営者から、そんな声が聞こえてきそうです。しかし、考えてみてください。社員1人なら確かに10万円ほどですが、100人が住宅手当から社宅に切り替えたとします。単純計算で会社は年間1000万円も得するのです。

40歳以上で子ども1人（16歳以上）の場合

給与が月30万円で住宅手当が8万円相当とすると、給与38万円－（社会保険5万6525円＋所得税7720円＋家賃12万円）＝手残り19万5755円です。

会社が8万円負担した場合、給与30万円－（社会保険4万4625円＋所得税5140円－家賃負担4万円）＝手残り21万235円です。

その差額は、社員個人は月額1万4480円で年間にして17万3760円、会社にいたっては年間14万2800円もお得です。

住宅手当を支給するくらいなら、借り上げ社宅にしたほうが金銭的にこんなにお得なのです。

4～6月が忙しい会社はなおさら社宅がおすすめ

社会保険料の算出は、4～6月の3カ月分の給与を基準にするのが原則です。4～6月の3カ月で計算したものが9月から適用されます。

3月期決算の会社の場合、4月は決算処理でものすごく忙しい。他の時期より残業が増え、4月の総支給額が増えるというのがよくあること。そうすると、9月以降の社会保険料が上がってしまいます。

4～6月の平均月額に該当する標準報酬月額との間に2等級以上の差が生じた場合は速やかに変更届を提出する必要があります。

もし、4～6月の残業が多くなる会社なら、なおさら借り上げ社宅制度を導入するメリットが大きくなるのです。

コロナ禍で「交通費よりも社宅」が加速

通勤のための交通費を支払っている会社は多いと思います。全額支給するケースもあれば、上限月2万円などと条件を付けているケースもあります。

この交通費を借り上げ社宅に一本化することができます。

LDKもかつて社宅制度がありませんでした。多くの中小企業と同じように交通費を支給していたのです。

しかし、借り上げ社宅制度を導入してからは交通費の支給はしていません。

たとえば、交通費に2万円を払っているのなら、近くに住んでもらってその分の2万円相当額を社宅費として出してあげても、会社として負担は同じです。

それに、交通費を支給すると、総支給額が増えて社会保険料の負担が上がります。

住宅手当と同じように、交通費として支給するより、社宅代を負担するほうが節税になって社員にとっても会社にとってもメリットがあるのです。

私の考えは、借り上げ社宅制度を使って会社の近くに住んでもらいたいというものです。そのほうが、通勤時間のロスが少なく、満員電車でのストレスも軽減できるからです。

そこで、交通費と借り上げ社宅を一本化しました。借り上げ社宅に住んでいる社員には交通費を支給しないことにしたのです。借り上げ社宅に住まなければ、交通費を支給します。

もちろん会社の遠くに住むのは個人の自由です。しかし、会社の遠くに社宅を借りると自己負担の交通費がかさんでしまいます。このため、社員たちには会社の近くに住もうというインセンティブが働きます。

サイバーエージェントの「二駅ルール」やＺＯＺＯの「千葉／つくば／宮崎手当」など、会社の近くに住む社員を手当で優遇する会社がたくさんあります。交通費と社宅を一本化することでも、同様の効果が期待できるのです。

ＬＤＫの場合、社宅と交通費を比較すると、社宅のほうが断然お得です。社宅の場合、単身者なら最大４万５０００円分が会社負担ですが、交通費が月４万５０００円かかることはまずありません。社宅のほうが得なので、みんな社宅を選んでいます。

このコロナ禍で、交通費よりも社宅を選んだほうが得する状況が加速しました。リモート勤務が増えて、出社する日が減り、定期を買わない状況が生まれました。そうなると、交通費が減り、交通費の支給も減るため、社宅の優位性が高まったのです。

自己負担は社員が20％以上、役員は50％以上が目安

社員や役員がどれくらい社宅の費用を自己負担すれば課税されないのでしょうか。国税庁は賃貸料相当額の算出方法を設定しています。この賃貸料相当額は自己負担するというのが基本的な考えです。

たとえば、家賃20万円の物件で、賃貸料相当額が10万円と算出されたら、10万円を自己負担にすれば、残り10万円は会社の経費になるというわけです。１万円しか自己負担せず、19万円は会社の経費で落とすというのは認められません。

この賃貸料相当額の計算はやや細かい規定になっていて、1件1件算出するのは煩雑です。

目安としては、社員なら家賃の20%以上、役員なら50%以上を徴収すれば、まず問題になることはありません。

国税庁は「豪華社宅」というのも定義しています。

豪華社宅とは、床面積が240平方メートルを超える物件で、取得価格や支払賃貸料などによって判定されます。240平方メートル以下でも、プールなどがあれば豪華社宅に該当します。

豪華社宅の場合は経費として認められません。

国税庁が明示しているルールを掲載しておきます。

次ページをCheck!

使用人に社宅や寮などを貸したとき［令和4年4月1日現在法令等］

【対象税目】

源泉所得税

【概要】

使用人に対して社宅や寮などを貸与する場合には、使用人から1か月当たり一定額の家賃（以下「賃貸料相当額」といいます。）以上を受け取っていれば給与として課税されません。

【賃貸料相当額とは】

賃貸料相当額とは、次の（1）から（3）の合計額をいいます。

（1）（その年度の建物の固定資産税の課税標準額）×0・2%
（2）12円×（その建物の総床面積（平方メートル）／3・3（平方メートル））
（3）（その年度の敷地の固定資産税の課税標準額）×0・22%

（注）会社などが所有している社宅や寮などを貸与する場合に限らず、他から借りて貸与する場合でも、右記の（1）から（3）を合計した金額が賃貸料相当額となります。

したがって、他から借り受けた社宅や寮などを貸す場合にも、貸主等から固定資産税の課税標準額などを確認することが必要です。

【給与として課税される範囲】

（1）使用人に無償で貸与する場合

賃貸料相当額が給与として課税されます。

（注）看護師や守衛など、仕事を行う上で勤務場所を離れて住むことが困難な使用人に対して、仕事に従事させる都合上社宅や寮を貸与する場合には、無償で貸与しても給与として課税されない場合があります。

(2) 使用人から賃貸料相当額より低い家賃を受け取っている場合
受け取っている家賃と賃貸料相当額との差額が、給与として課税されます。
ただし、使用人から受け取っている家賃が、賃貸料相当額の50%以上であれば、受け取っている家賃と賃貸料相当額との差額は、給与として課税されません。

(3) 現金で支給される住宅手当や、入居者が直接契約している場合の家賃負担
社宅の貸与とは認められないので給与として課税されます。

【具体例】

(例) 賃貸料相当額が1万円の社宅を使用人に貸与した場合

(1) 使用人に無償で貸与する場合には、1万円が給与として課税されます。

(2) 使用人から3千円の家賃を受け取る場合には、賃貸料相当額である1万円と3千円との差額の7千円が給与として課税されます。

(3) 使用人から6千円の家賃を受け取る場合には、6千円は賃貸料相当額である1

万円の50％以上ですので、賃貸料相当額である1万円と6千円との差額の４千円は給与として課税されません。

役員に社宅などを貸したとき［令和４年４月１日現在法令等］

【対象税目】

源泉所得税

【概要】

役員に対して社宅を貸与する場合は、役員から1か月当たり一定額の家賃（以下「賃貸料相当額」といいます。）を受け取っていれば、給与として課税されません。

【賃貸料相当額とは】

賃貸料相当額は、貸与する社宅の床面積により小規模な住宅とそれ以外の住宅とに分け、次のように計算します。ただし、この社宅が、社会通念上一般に貸与されている社宅と認められないいわゆる豪華社宅である場合は、次の算式の適用はなく、通常支払うべき使用料に相当する額が賃貸料相当額になります。

（注1）小規模な住宅とは、法定耐用年数が30年以下の建物の場合には床面積が132平方メートル以下である住宅、法定耐用年数が30年を超える建物の場合には床面積が99平方メートル以下（区分所有の建物は共用部分の床面積をあん分し、専用部分の床面積に加えたところで判定します。）である住宅をいいます。

（注2）いわゆる豪華社宅であるかどうかは、床面積が240平方メートルを超えるもののうち、取得価額、支払賃貸料の額、内外装の状況等各種の要素を総合勘案して判定します。なお、床面積が240平方メートル以下のものであっても、一般に貸与されている住宅等に設置されていないプール等の設備や役員個人のし好を著しく反映した設備等を有するものについては、いわゆる豪華社宅に該当することとなります。

役員に貸与する社宅が小規模な住宅である場合

次の（1）から（3）までの合計額が賃貸料相当額になります。

（1）（その年度の建物の固定資産税の課税標準額）×0・2％

（2）12円×（その建物の総床面積（平方メートル）／（3・3平方メートル））

（3）（その年度の敷地の固定資産税の課税標準額）×0・22％

役員に貸与する社宅が小規模な住宅でない場合

役員に貸与する社宅が小規模住宅に該当しない場合には、その社宅が自社所有の社宅か、他から借り受けた住宅等を役員へ貸与しているのかで、賃貸料相当額の算出方法が異なります。

（1）自社所有の社宅の場合

次のイとロの合計額の12分の1が賃貸料相当額になります。

イ．（その年度の建物の固定資産税の課税標準額）×12％

ただし、法定耐用年数が30年を超える建物の場合には12％ではなく、10％を乗じます。

ロ．（その年度の敷地の固定資産税の課税標準額）×6％

（2）他から借り受けた住宅等を貸与する場合
会社が家主に支払う家賃の50％の金額と、右記（1）で算出した賃貸料相当額とのいずれか多い金額が賃貸料相当額になります。

【給与として課税される範囲】

（1）役員に無償で貸与する場合
賃貸料相当額が、給与として課税されます。

（2）役員から賃貸料相当額より低い家賃を受け取っている場合
賃貸料相当額と受け取っている家賃との差額が給与として課税されます。

（3）現金で支給される住宅手当や入居者が直接契約している場合の家賃負担
社宅の貸与とは認められないので、給与として課税されます。

若手の採用戦線で優位に立てる

社宅というと、会社がお金を出して部屋を借りるので、損をするイメージがあるかもしれません。住宅手当と比較すると、借り上げ社宅のほうがコスト的にメリットは大きいことがわかったとしても、それでも社員の住宅費を会社が負担することに躊躇する経営者もいるでしょう。

しかし、社宅制度は節税効果があるだけではありません。「人」の採用にもプラスに働くのです。

実は今、20代の若者の就職に対する意識が激変しています。

株式会社学情が２０２３年卒業予定の大学生・大学院生を対象に実施した調査によると、就活の企業選びで「給料の高さ」を重視する人はわずか17・３％でした。

ということは、給料などの待遇で釣ろうとしても、今の学生の8割以上は見向きもしません。

「マイナビ　2023年卒大学生　活動実態調査（3月1日）」によると、就職先として企業を選ぶポイントの1位は安定性（66・8％）、2位は社風（65・3％）、3位が福利厚生（59・6％）でした。約6割の学生が福利厚生を気にしているのです。社宅制度があるということは、1位の安定性も感じさせるのではないでしょうか。

転職市場でも、若者の福利厚生重視は変わりません。株式会社学情の2022年の調査によると、就活時と比較して、企業選びの際に重視するようになったことでは「仕事内容」「自分自身の今後のキャリアビジョン」に続いて、3位が「福利厚生」でした。

就活の上位2つは安定性と社風、転職活動の上位2つは仕事内容とキャリアビジョンというまったく異なる志向ですが、3位の福利厚生は就職でも転職でも不動の気になるポイントなのです。

「企業は人がすべて」

【就職先として企業を選ぶポイント】

（マイナビ　2023年卒大学生　活動実態調査（3月1日））

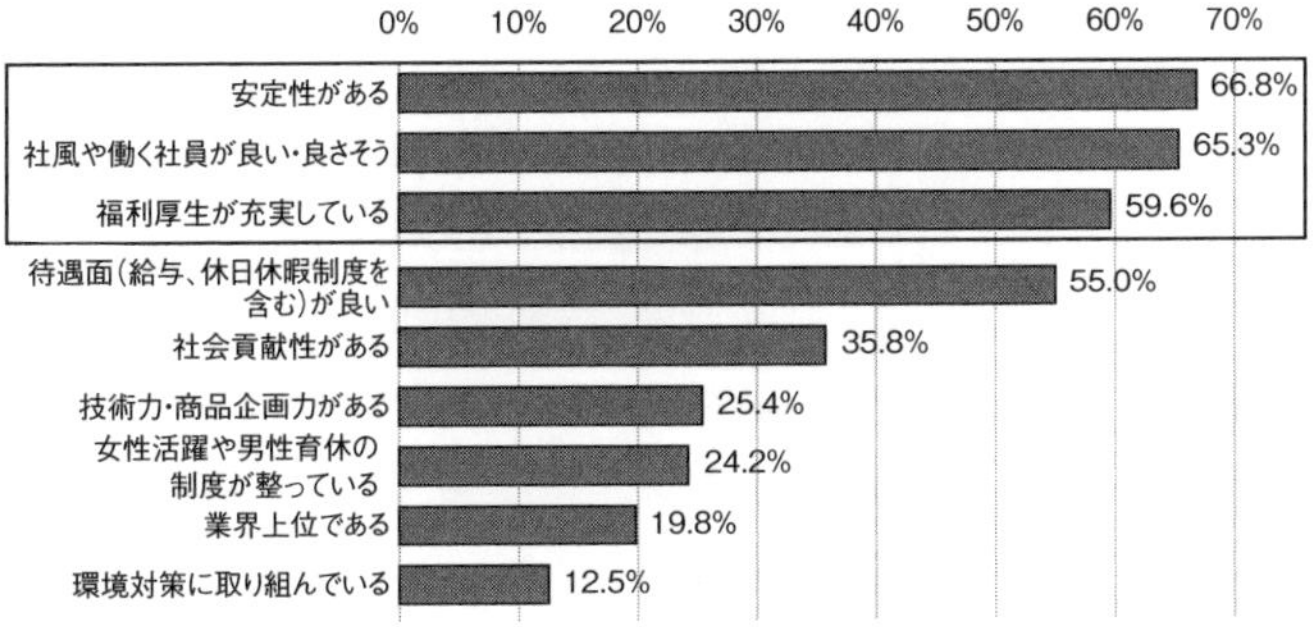

どの経営者もこのように口を揃えます。優秀な人材を採用できるかどうか。これが企業の未来を大きく左右するのです。

ところが、今は採用難の時代。求人広告を出しても、思うように人が集まらずに頭を抱えている経営者や採用担当者が少なくありません。

マイナビの「中途採用状況調査（２０２２年版）」によると、人材が不足していると回答した割合が高かったのは「ＩＴエンジニア」（52・５％）、「営業」（43・２％）、「医療・福祉」（40・９％）でした。これらの職種では人材難が深刻です。

福利厚生を充実させるというと、誕生日プレゼント支給やランチ会補助といったユニー

【就職活動時と比較して、企業選びの際に重視するようになったこと】

（株式会社学情　20代の仕事観・転職意識に関するアンケート調査（就職活動と転職活動の違い）2022年7月版）

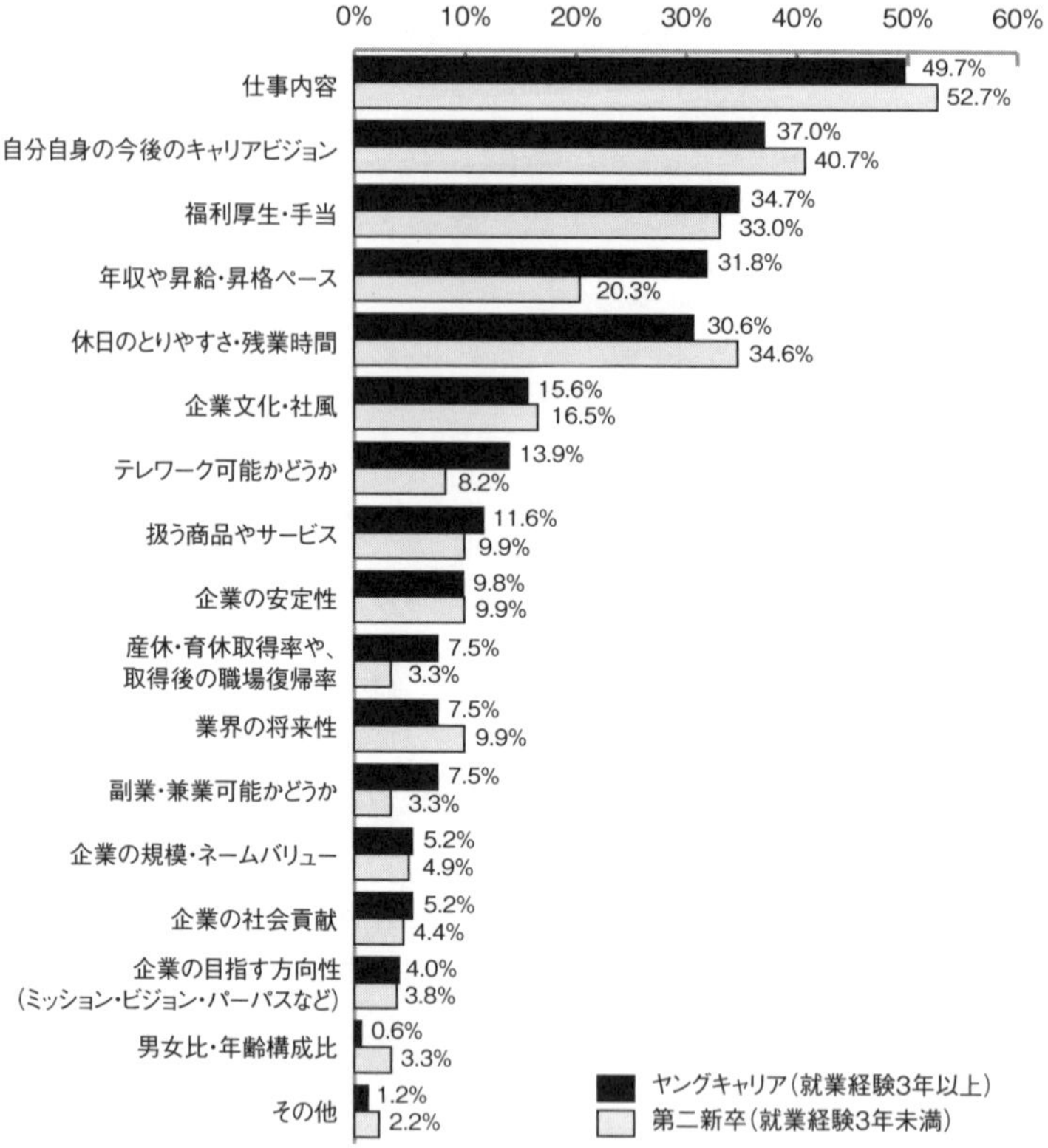

※「就職活動時と比較して、重視する点や企業選びの視点が変化した」としている20代が回答（n=376）

クな制度を導入する企業もあります。

しかし、住まいは社員にとって必要不可欠で重い出費。借り上げ社宅は社員に喜ばれる制度です。小さなコストで採用効果も節税効果も生み出せる奇手となり得るのです。

地方の優秀な人材も採用しやすい！

大手企業は全国規模で人材を採用しています。地方の学生たちは就活のとき、わざわざ夜行バスに乗って東京や大阪に足を運び、大手企業のセミナーや面接に参加します。

これとは対照的に、中小企業の多くは地元の人材に頼ってきました。

ところが人材争奪戦が激しくなってきた近年、中小企業も優秀な人材を求めて地方の大学に足を運んだり、地方の就活イベントに参加したりするケースが増えてきました。とりわけ機械・電気系やＩＴ系の人材不足は深刻。中小メーカーやＩＴ系企業の中には、地方の国公立大の理系学部に積極的にアプローチしているケースもあります。

このコロナ禍で採用のオンライン化が進み、地方の学生が都会の会社にアプローチしやすくなりました。

こうした地方の優秀な人材に対して、借り上げ社宅制度があることは有利に働くはずです。

たとえば東京にある会社なら「部屋探しからすべて会社がサポートします」とアピールできます。社宅があれば親御さんも安心でしょう。

転職サイトに求人広告を出すときも、「Iターン&Uターン大歓迎」と大々的に打ち出せます。

海外出身の留学生の採用も視野に入れている会社もあるでしょう。

このダイバーシティの時代、多様な人材の採用でも他社と差別化できるのです。

新卒採用の内定辞退を防げる!

企業が新卒社員の内定を出すと、秋くらいに内定者向けにオリエンテーションを開くことがあります。

このオリエンテーションで借り上げ社宅について説明するために、法人専門の仲介会社の担当者を呼ぶ企業があります。借り上げ社宅の多いエリアや物件の間取り、家賃などを説明してもらうためです。

仲介会社が社宅ツアーを企画することもあります。

内定者オリエンテーションには、親御さんがいらしていることも。そのときは親御さんも社宅ツアーに参加していただくのです。中には、社会人になって初めて一人暮らしをする内定者もいます。事前に借り上げ社宅がどんな場所のどんな物件かわかれば、親御さんも安心でしょう。

企業の採用担当者が恐れるのは内定辞退。採用目標が設定されていて、その人数をクリアしたいと採用担当者は考えています。ところが、内定辞退が出ると、採用目標を達成できなくなってしまいます。新卒採用では少子化や人手不足の影響で売り手市場が続いていて、多くの企業の採用担当者は学生を確保できずに頭を悩ませています。

内定辞退防止のために、採用担当者はあの手この手を繰り出しています。借り上げ社宅の説明は、その有効な手段の1つになりえるのです。

内定者オリエンテーションで借り上げ社宅について説明されて、見学ツアーまで参加すれば、入社の意識が高まるはずです。入社前から帰属意識が芽生えるかもしれません。

離職防止にも役立つ

かつては新卒で一度就職すると、定年まで働き続ける「終身雇用」の慣行が日本には根づいていました。

ところが昨今は転職が当たり前になってきました。

「七五三」という言葉がすでに定着しています。中卒の7割、高卒の5割、大卒の3割は3年以内に離職することを表した言葉です。

マイナビの「転職動向調査2022年版」によると、正社員に占める転職率は年々増加しており、コロナ禍の2020年は一時的に減少したものの、2021年には過去6年間で最高の7・03％に達しました。勤務先での勤続年数は短くなってきており、転職回数2〜3回の人が増えています。

私自身が転職を複数回経験しているので、転職自体が悪いことだとは思いません。しかし、優秀な人材にはできれば会社に残ってもらいたいと考えている経営者は多いと思います。この採用難の時代、業界によっては欠員を埋めるのは一筋縄ではいきません。

借り上げ社宅制度を導入することによって、こうした離職の防止効果も期待できます。

というのも、会社を辞めるとなると、社宅を出て行かなければならないからです。引っ越して新たな家を借りようとしたら、引っ越し代から敷金・礼金まで、1カ月分の給料が吹き飛ぶくらいのコストがかかります。会社を辞めることを想定してコツコツと貯金していたのなら話は別ですが、そうでなければ簡単には辞められません。

実際に、LDKの若手社員が「社宅に住んでいると、会社を辞めにくい」と言っていました。

社宅に住むことによって、会社への帰属意識が高まる効果も期待できます。「ずっとこの会社にいよう」という意識は、個人で部屋を借りるより、借り上げ社宅に住んでいるほうが高いと思います。

借り上げ社宅制度がない会社の若手社員から「お前の会社はいいな」と言われて、「うちの会社っていいんだ」と改めて気づくこともあるでしょう。採用活動だけでなく、採用後の社員の定着率の向上のための手立てになるのです。

業績連動型社宅制度で社員のやる気アップ

会社の業績とボーナスの額を連動させている会社が多いと思います。利益が大きかった場合、ボーナスとは別に決算賞与を支給している会社もあるでしょう。これらと同様に、社宅の自己負担割合を業績と連動させるというやり方があります。

たとえば、社宅の会社負担分が最大50％なら、業績が良ければ60％に手厚くする一方で、逆に業績が悪ければ40％に減額するといった具合です。社員たちの成果を上げようというインセンティブを働かせるためです。

実は、LDKでは、かつてこの業績連動型社宅制度を導入しました。業績が20％ダウンしたら自己負担を10％増やすという仕組みでした。それまで順調に成長していたので、さすがに20％も業績が落ちるなんて想定していなかったのです。

ところが、コロナ禍の影響で、一時的に業績が20％くらい落ちてしまったのです。制度上、社宅の自己負担を10％増額しなければなりません。しかし、住まいは生活の基盤です。ただでさえコロナ禍で不安な日々を過ごしているのに、住宅費の負担を10％も増額させるわけにはいかないと私は判断しました。それで、業績と連動させて会社負担を10％下げることはしませんでした。

コロナ禍は特別な状況なので、業績が落ちたのは必ずしも社員の責任ではありません。だから社員の負担を増やさないようにしましたが、平常時なら社宅の会社負担分を業績と連動させるのも社員のモチベーションアップのための有効な手段だと思います。

たとえば、自己負担が3万円だったのが業績によって2万円になるというのは、実質1万円給料が上がったのと同じです。会社の業績が上がったことに対して「私は別に関係ないし……」と言っている人が「え、1万円も？」と感じてくれたら、モチベーションアップにつながるでしょう。プロフィットセンターと呼ばれる営業部門の人たちは、元々売り上げや粗利に敏感です。自分の仕事がダイレクトに会社の利益につながるのが目に見えて数字でわかるからです。営業マンには成果に応じた歩合給を支給している企業もあります。

ところが、コストセンターと呼ばれる管理部門などは自分の仕事と会社の業績のつながりがわかりにくい。ともすると当事者意識が希薄になりがちです。業績連動型社宅制度を取り入れることによって、全社的に当事者意識を高める効果が期待できます。

それなら、ボーナスで1万円を増額すればいいと思うかもしれません。思い出してください。社宅の会社負担分は総支給額に含まれません。ボーナスが1万円増えれば税金や社会保険料の負担も増えますが、社宅で会社負担が1万円分増えても税金や社会保険の負担は変わりません。つまり、業績連動型社宅制度はボーナスと比べて節税効果があるのです。

ただし、業績連動型社宅制度には課題があります。

1つは、社宅に住んでいない社員がいること。確かに、社宅を利用できる社員とできない社員がいるなら不公平感が強い。しかし、社宅は全社員が利用できます。たとえば、実家に住んでいるとしても、一人暮らしして社宅に住むことも可能です。社宅に入るかどうかは完全な自由。ＬＤＫの場合、社員全員が利用できるものなので業績と連動させてもかまわないと判断しました。

もう1つは、業績が下がったときに会社負担分を下げるのが難しいこと。これはまさしくＬＤＫが直面した課題です。業績がアップして、会社負担分を上げるのは簡単です。しかし、業績が下がったときのために「これ以上は下げません」という下限を設定するなどの工夫が必要です。

社宅を駆使した事業継続性の向上策

東京・丸の内に本社を置くある大手企業は、借り上げ社宅の立地エリアを分散させています。たとえば、20人分の社宅を借りるとします。その際、江東区方面に5人、世田谷区方面に5人といったように、社員が住むエリアを指定するのです。

この狙いは、地震などの災害が起きたときのリスクを分散させること。もし20人全員が同じエリアに住んでいて、そのエリアへの道路が分断されたら、会社の事業継続に支障を来します。しかし、分散して住んでいれば、10人は出社できなくても、10人は出社して緊急の顧客対応ができるということがありえるわけです。

つまり、拠点から東西南北の全方面に社員が住んでいるという状態を意図的につくり出しているのです。

また別の企業では「○○川より手前に社宅を借りる」といったルールを設けています。これも災害対策です。川が増水したり、橋が崩壊したりして出社できないという状況を回避するための方策です。

東日本大震災をきっかけに「事業継続計画」（BCP）づくりが叫ばれるようになりました。これは、自然災害や火災、テロ攻撃などの緊急事態に遭遇したとき、損害を最小限にして、事業を継続させたり、早期に早期復旧させたりするための計画です。

借り上げ社宅の立地をコントロールすることで、事業の継続性を高めることもできるのです。

法人を得意とする仲介会社に頼んで総務の負担を大幅カット

社員が駅前の仲介会社で社宅用の物件を決めてきたとします。その物件をチェックした総務担当者が次のような反応を見せるかもしれません。

「だから言ったじゃないですか。契約書のこの部分は変えてください！」

第4章で詳しく述べますが、各社の借り上げ社宅制度には「家賃の支払いは月末」「解約予告は1カ月以内」といったルールが定められています。社員が一般の仲介会社で気に入った物件を選んでくると、それに合致しない物件であることが往々にしてあるのです。

一般の仲介会社は、物件を管理する管理会社から送られてきた契約書のひな形をそのまま総務担当者へ送付します。個人のお客さんを相手にした場合、それで何の問題もないからです。そもそも、一般の人は賃貸借契約の書類を細部までチェックしないでしょう。

しかし、法人は違います。法人は、会社のルールに適合していなければ契約しません。

これに対して、法人契約を得意とする仲介会社は対応がまるで違います。それぞれのクライアントの規定に合っている物件を紹介するからです。管理会社から契約書のひな形のPDFを送ってもらったとき、クライアントの規定と合っているかどうか、マーカーで全部チェックしていきます。もし、クライアントの規定に即していなければ、管理会社と交渉して変更してもらいます。そのうえで、クライアントの総務担当者に契約書を送るわけです。総務担当者からしたら、すでにルールに合致した完成されたものが送られてくるというわけです。

総務担当者が仲介会社に連絡して「ここはこう変えてください」「うちの規定ではこうなので」といったことをやり取りするのはものすごく手間です。それをわかっている仲介会社に任せると、伝書鳩のようなことを何回も繰り返さなくていいのです。

法人契約を得意としている仲介会社に窓口を一本化してしまったほうが、総務担当者としては圧倒的に効率的だと思います。

企業には人事異動があります。総務担当者だからといって、社宅制度の運用に慣れているとは限りません。他部署から総務に異動してきて、いきなり社宅を担当することもありえます。そんなときでも、法人契約に精通している不動産会社に窓口を一本化していれば、いろんな相談に乗ってもらえるはずです。

仲介会社の営業マンがすすめる物件とは？

A、B、Cという3つの物件があるとします。間取りも価格もほぼ同じ。あなたがどれにしようか迷っていて、「どの物件がおすすめですか？」と仲介会社の営業マンに質問したとします。一般的な仲介会社の営業マンはどんな基準で物件をすすめるでしょうか？

仲介会社の多くは歩合制を採用しています。営業マンの給料は、成果に応じて歩合給が上乗せされるのです。A、B、Cの家賃が同じなら、仲介手数料も基本的に同じです。仲介手数料は最大で「家賃1カ月分プラス消費税」と定められているからです。それでは、営業マンが手にする売り上げも同じでしょうか？

ところが、たとえ仲介手数料が同じでも、売り上げが異なるケースがあるのです。実は、営業マンには仲介手数料以外の売り上げが入ることがあるからです。

それは、業界でADと呼ばれるものです。

ADとは広告費のことで、物件のオーナーから支払われます。

ADはすべての物件で出るわけではありません。出る物件でも、家賃の30％や1カ月分、2カ月分など、金額はさまざまです。

東京ではADが出る物件は半分くらいでした。大阪ではADが出ない物件はほぼありません。

家賃が10万円だとして、ADがAはゼロ、Bは5万円、Cは10万円なら、営業マンは「Cが絶対にいいですよ。Cには問い合わせも多いですから、すぐに決まってしまいますよ」とすすめるわけです。そのほうが売り上げも上がって、自らの評価も上がるからです。

もちろん、この3つの中ではCが最も良い物件かもしれません。しかし、仲介会社の営業マンがすすめる物件の背景には、こうした要素もあるのです。

ADは、業者向けには開示しています。だから、どの仲介会社が仲介してもADが入ります。

たまにあるのが、ADが家賃の2～3カ月分という高額なケース。これは、なかなか入居者が決まらない物件のことが多い。家賃10万円の物件なら、入居者を決めたら仲介手数料プラス30万円ももらえてしまうのです。

ただ、ADが出ているのは決まりにくい不人気物件とは限りません。管理会社やオーナーの考え方によるのです。だから「え？　新築でこんなにいい物件なのに、ADが2カ月分も出るんですか？」といったケースもあります。オーナーは、空けておくくらいなら、高いADを払ってでも早く決めたいと考えているわけです。

ADが出ていることと、物件の良し悪しは必ずしも関係があるわけではないのです。

一方、法人専門の仲介会社の営業マンは、ADが高いからといって必ずしもCを薦めるとは限りません。というのも、法人専門の仲介会社が最も嫌がるのがクライアントからのクレームだからです。個人のお客さんは一見さんですが、法人のクライアントはリピーターです。年に何十件、何百件の仲介を依頼されます。そうしたクライアントとはできるだけ長くお付き合いしたいと考えています。

もちろん営業会社なので売り上げは大切ですが、それ以上にいかにスムーズに契約できて、クライアントに喜んでもらうかが大事。総務担当者に「対応が良かったから、また使おう」と思ってもらうためです。

だから、法人専門の仲介会社は、CのADが一番高かったとしても、3つの物件の違いをきちんと説明して、AはADゼロ円でも、信頼できる管理会社が管理している物件なら「安心して住めます」とおすすめするわけです。

社宅を「買う」より「借りる」ほうが低リスク

かつては社有社宅が主流でしたが、今は社宅を買う企業はほとんどありません。

社宅を保有すると、維持費や固定資産税がかかります。たとえ社員の入居率が低迷しても、買ってしまった以上、これらを払い続けなければなりません。私自身、社宅を購入するのはおすすめはしていません。投資にはリスクが伴います。

近年は、社宅を買うよりむしろ売りたい会社のほうが多いと思います。とりわけこのコロナ禍、集団生活を避けるようになりました。このため、自社保有の社員寮を売ろうとする企業が増えました。

ところが、社宅ならまだしも、社員寮は各部屋にキッチンやバスが付いていないことがあります。そうなると、一般のマンションとして売却できません。そこで、トランクルームやシェアオフィスなどに転用する例もあります。

さすがに1棟丸ごと購入するのはリスクが大きいからと、ワンルームマンションを購入して社宅にすることを考える経営者がいるかもしれません。マンションを買えば利益を圧縮できて節税効果が大きく、なおかつ社員の福利厚生を充実させられるという目論みです。

シミュレーションしてみましょう。

3000万円で投資用ワンルームマンションを買ったとします。それを家賃8万円で賃貸に出せば、利回りは約3％です。

ところが、これを社宅にすると、家賃を8万円も取れません。半分の4万円を社員から徴収したとしても、赤字を垂れ流すだけです。

管理費や修繕積立金、ローンの利息などは経費として計上できても、社員から徴収する4万円は会社の収益になってしまいます。

私の知る限り、ワンルームマンションを買って社宅にしている例はありませんが、それはメリットが薄いからにほかなりません。

LDKは大手企業とのお付き合いが多いのですが、100室分の社宅のためにマンションを購入するとなると、一体いくら必要になるのでしょうか?

しかも、社員はいつ転勤になったり、退社したりするかわかりません。空き部屋を所有するのは無駄です。

「空いた部屋は一般向けに貸し出せばいいのではないか」と思うかもしれませんが、この人口減少時代、空室リスクが低下するとは考えにくい。

かつては、埋まりにくくなった社宅の一部を一般向けに貸し出している企業がありました。しかし、賃貸に出すと総務担当の業務負担が増えます。そこで、社宅自体を手放す企業が増えたわけです。

もちろん3000万円で買ったワンルームマンションが何年後かに4000万円に値上がりする可能性はあります。しかし、2000万円に値下がりしてしまうかもしれません。

貸した部屋が事故物件になる可能性もあります。そうなると、8万円のところを6万円や5万円で貸さなければならなくなります。

そのような本業以外でリスクを取るくらいなら、賃貸物件を借りて社宅にしたほうがいいでしょう。

借り上げ社宅なら、リスクがほとんどありません。やめたいときにやめられるので、極めて身軽なのです。

COLUMN

新築丸ごと1棟借りをめぐる駆け引き

10月くらいになると、不動産ポータルサイトに掲載される前の新築賃貸マンション情報がLDKに寄せられることがあります。

というのも、大手法人顧客との太いパイプがあるLDKに対して、新入社員用の社宅の大口マッチングを期待しているからです。

不動産ポータルサイトに情報を掲載して、個人向けに情報を提供したからといって、全室を埋めるには時間がかかります。しかし、大手企業に社宅として1棟丸ごと借りてもらえれば、空室リスクを一瞬で解消できるわけです。

借り手の企業から見ても、1棟丸ごと借りられる物件は、新築しかありません。既存の賃貸マンションが全室空くということはまずないからです。

ただし、オーナーにとって大手企業に1棟丸ごと貸すのは、全室が一気に埋まるという大きなメリットがある一方で、リスクもあります。それは、一斉に退去してしまう恐れがあることです。

30室のうち、1室が10月に退去予定となっても、新築物件なら1カ月くらいかければ次の入居者を見つけられます。

ところが、1棟丸ごと貸していて、一気に30室すべて来月退去となったら、オーナーは途方に暮れるでしょう。家賃が6万円だったら、30室で月180万円が吹き飛ぶわけです。たとえば、営業所が閉鎖することになったら、全員が出て行くという事態が起こりえるのです。

1部屋が空いているマンションなら入居者が見つかるでしょうが、30室すべて空いているマンションに入居する人がいるでしょうか？　薄気味悪くて敬遠する人が多いでしょう。


このため、1棟貸しの契約の場合、1カ月で解約できる部屋数を制限する条項を付けるのが一般的です。たとえば、1カ月に解約できるのは5部屋までにしたり、10部屋までにしたり、ワンフロアまでにしたりするのです。あるいは、5年間は解約できないといった契約になることもあります。

1棟貸しは、一挙にすべて埋まるリターンと一斉退去のリスクが表裏一体。だから、嫌がるオーナーもいます。

第４章

社員が喜ぶ社宅制度のつくり方

まずやるべきは社内規定づくり

借り上げ社宅が社員にも会社にもメリットがある制度であることがおわかりいただけたと思います。

「うちの会社でも、借り上げ社宅制度を導入してみるか」

と思った経営者もいるはずです。

「借り上げ社宅をやろうと思っているから、制度をつくってくれ」

と経営者から指示を受けた総務担当者もいるかもしれません。

この章では、具体的な導入方法をご説明していきます。

借り上げ社宅のルールは、企業によって実にさまざまです。まったく同じルールでやっている会社は1つとしてないくらい千差万別です。「自社にメリットがあるのは何か？」「社員にメリットがあるのは何か？」を考えて、最終的に会社と社員の両者が合意したものが規定になるというのが理想的だと思います。ぜひ自社に合った制度を検討してみてください。

仲介会社や管理会社、オーナーとのトラブルを未然に防いでスムーズな運用ができるようにするのが規定づくりの肝になります。そのために、契約関連の詳細な注意事項をまとめることになります。

まず、大枠として考えるべきは

・家賃設定をどうするか？
・間取りの基準を設けるか？
・会社からの距離などを制限するか？

といった内容です。

大枠を決めたら、詳細を詰めていきましょう。

ちなみに、借り上げ社宅制度を導入するにあたって、会社の定款を変える必要はありません。

家賃の上限を設定しよう

まずは家賃の上限設定を決めましょう。

社歴や役職、単身かファミリーかによって上限設定は変えるのか、さらには社員に何割を負担させるのかを検討します。

家賃相場は地域によって異なりますから、東京と大阪、福岡と各地に拠点があるなら、それぞれの相場に基づいて条件を変えるのが一般的です。

たとえば、単身者の場合、家賃8万円を上限に、社員の自己負担を2割に設定するとします。家賃8万円の2割なら1万6000円の負担です。

上限を超える物件の扱いは、大きく2パターンあります。

1つは、上限を超える物件の契約は認めないというやり方。家賃8万円が上限なら、1円でもオーバーするものは認められません。必ず上限内の物件を探しなさい、というものです。

もう1つは、オーバーした分は自己負担というやり方です。10万円の物件を借りるなら、1万6000円にオーバー分の2万円を加えて自己負担は3万6000円です。

ちなみに役員の社宅は別枠です。

役員に対しては総務担当者も気を使うので、「この規定に合わせて物件を探してください」とは言いにくいところがあるでしょう。

逆に、役員も気を使って「これぐらいでいいよ」というケースが多いような気がします。

管理費は含める？　別にする？

賃貸物件には、家賃に加えて管理費が徴収されるものが多くあります。

家賃の上限にこの管理費を含めるかどうかも企業によって異なります。

管理費を含めない企業の場合を考えてみましょう。

家賃の上限8万円と設定していれば、家賃8万円プラス管理費5000円の物件は借りることができます。ところが、家賃8万1000円で管理費3000円の物件は借りられません。家賃プラス管理費の総額は安くなっても、家賃が8万円をオーバーしているからです。

管理費を別にしている企業は、管理費も自己負担にしているのが一般的です。たとえば、上限8万円の2割が自己負担だとしたら、1万6000円プラス管理費数千円が自己負担というわけです。

一方で、管理費込みで上限設定をしている企業もあります。

会社負担と社員負担を線引きする

賃貸物件を借りるとなると、家賃以外にも費用がかかることがあります。何をどこまで会社が負担するかを決めましょう。

たとえばカギの交換代。カギの交換が強制の場合は会社負担、任意の場合は入居者負担というのがよくあるパターンです。

ほかにも、火災保険や駐車場代、町会費、ケーブルテレビ代などを会社が負担するのか、それとも社員個人が負担するのかを明記しましょう。

広さや間取りを決める

家賃だけでなく、広さや間取りを定めている企業は多い。

たとえば、部長が50平方メートルの社宅に住んでいるのに、安いからといって新入社員が80平方メートルの社宅に住んでもいいのか、という問題が浮上する可能性があります。そうならないように、広さの制限を設けるわけです。

単身者なら20〜25平方メートルと定めている企業もあります。

「あいつの部屋は広いのに」という不満が上がらないように、できるだけ平等にするためです。

間取り基準では、単身者は1Kかワンルームで、1DKや1LDKは不可としている企業があります。

ルールを明確にしておけば、新入社員が社長よりも豪華な社宅に住むという逆転現象を防げます。たとえば、新入社員がタワーマンションを借りていて、それを借り上げ社宅にしたいと言っても、「それは社内のルールに適合しないので認められません」と言えます。

会社からの距離はどうする?

会社からの距離を決めている企業もあれば、とくに制限を設けていない企業もあります。

会社からの距離を設定しないと、極端な例で言うと、東京の新宿にオフィスがあるのに山梨で部屋を借りてくる社員が出てくるかもしれません。交通費の上限を設定するかどうかといったこととの兼ね合いも出てきます。一定のルールがあるほうが会社は管理しやすいでしょう。

借り上げ社宅の場合、駅数で制限する会社は少ないと思います。制限を設けるなら、距離や時間が主流です。

距離で設定しているのは、災害時に交通機関がマヒしても、徒歩で帰れるようにするためです。「別に事務所に泊まればいいのでは？」という考え方もあると思います。それは会社の考え方次第です。

たとえば、ある大手家電メーカーは「60分ルール」を定めています。60分というのは、社宅から職場までのドア・トゥ・ドアの時間です。しかも、Ｙａｈｏｏ！の路線マップで、ドア・トゥ・ドアで60分と定められています。あの地図サイトだと59分だけど、別のサイトだと61分かかるといった誤差でもめるのを避けるためです。

またあるＩＴ企業は「実測徒歩距離15キロメートル以内厳守」と定めています。これは、直線距離ではなく、徒歩の実測距離なので、Ｇｏｏｇｌｅマップなどを使って物件とオフィスの距離を道なりに測ります。

借り上げ社宅を導入するということは、節税目的もあると思います。それなのに、高い交通費を払ってしまったら、社会保険料が高くなってしまってメリットが薄れてしまいます。このことは留意してください。

社員が選べる？　それとも会社が選ぶ？

住宅手当の場合、物件を決めるのは社員自身です。

ところが借り上げ社宅では、社員が自由に物件を選べるパターンと会社が決めるパターンがあります。

まず1つ目の社員が自由に物件を選べるパターン。この方式を採用している企業のほうが多いと思います。

このパターンでは、社員が不動産ポータルサイトで物件を探してきます。

といっても、もちろん会社までの距離や物件の広さなど、会社が定めたルール内で選ばなければなりません。

だから、本人が選べる会社が多いといっても、会社の独自のルールに当てはまる物件しか契約できないというのが正しいかもしれません。

企業によっては、指定する仲介会社でしか契約ができないという縛りがあります。

たとえば、Ａ社とＢ社、Ｃ社のいずれかを通して契約してください、というものです。

仲介会社を指定する理由は、そのほうが圧倒的に総務担当者の手間が省けるからです。どこの仲介会社で契約してもいいとすると、社内規定に合わない物件を紹介される可能性もあれば、礼金を上げて家賃を下げたり、上限家賃を超えているため管理費にスライドさせたりする仲介会社もあり、会社にとって不利益を与えることもあります。その点、指定会社なら安心して物件探しを任せることができます。指定会社なら、１部屋を仲介して終わりではないことから、入居後の手厚いフォローも期待できます。

２つ目の総務が決めるパターンは、古き良き社員寮・社有社宅の文化を受け継ぐスタイルです。総務から「山田さんは横浜マンションの１０３号室です」と当てがわれるわけです。社員が自分で選ぶ権利はありません。

このやり方は今でもあります。総務が「山田さんは何月何日からこの物件に住んでください」と伝えるのです。

社員の側からすると「自分で選びたいのに……」と不満があるかもしれません。しかし、地方出身者が初めて上京して一人暮らしするなら、都内のどこに住めばいいのかわかりません。最初の住まいは会社に決めてもらったほうが安心だと考える人もいます。

総務担当者からすれば、社宅選びで社員に恨まれてはたまったものではありません。だから、不公平感をできるだけなくすために物件選びのルールを明確化したほうがいいのです。

多店舗展開しているなら「一代限り」の特約を外す

通常、社宅を借りた場合、入居者が退去する時点で契約が終了する「一代限り」という特約が付くのが原則です。

たとえば、Aさんが退去したら、もうその契約は終了、というのが一代限り。Bさんが入るときは、再び契約を結び直して、敷金・礼金を支払うというものです。

しかし、多店舗展開している飲食チェーンなどの場合、店長が1～2年のスパンで次々と異動することが少なくありません。そのたびに賃貸物件を借り直さなければならないのは手間もコストもかかります。

そこで、一代限りの特約を外して、賃貸物件を借りたまま、AさんからBさんに入居者を入れ替えできるようにします。これも、社員寮や社有社宅の名残りなのでしょう。

一代限りの特約を外せるかどうかは、オーナーとの交渉次第です。

どんな物件を「不可」にするか

借り上げ社宅制度を導入している企業は「契約不可物件」というものを設定しています。

ここでは典型的なものをご紹介します。ただ、これも企業によってさまざま。不可にしている企業もあれば、そうでない企業もあります。

個人オーナー管理物件

賃貸物件のオーナーの多くは管理を管理会社に委託しています。しかし、個人オーナーが自ら管理している物件もあります。そうした物件を不可にしている企業があります。

管理会社に管理を委託された物件なら、借り手が入退去時にやり取りするのは管理会社です。しかし、そうでなければ個人オーナーと直接やり取りしなければなりません。もしも退去精算時にもめたとしても、管理会社との交渉なら不動産業界の慣習や国交省のガイドラインに沿って対応してもらえます。

ところが、個人オーナーはそうとは限りません。必ずしも不動産業界のルールに精通しているわけではないからです。不動産業界の当たり前が通じず、「うちはずっとこうやってきたから」と、退去時に高額な原状回復費を請求されるといったトラブルが発生する可能性があるのです。もちろん、個人オーナーにも常識的な対応をしてくれる人はいますが、無用なトラブルを予防するために個人オーナー物件をあらかじめ不可にしている企業があるのです。

令和５年10月から開始されるインボイス制度も個人オーナーに影響するはずです。多くの家主は免税事業者の可能性があり、法人が支払う消費税額を仕入税額控除にできません。そのため、課税事業者の消費税負担額が増えてしまいます。退去時の原状回復費用や駐車場などの影響が予想されており、消費税相当額を減額できるかがポイントです。

分譲マンション

会社によっては、分譲マンションを貸し出しているいわゆる「分譲賃貸」を不可と定めています。

たとえば、ある人が投資用のワンルームマンションを買ったとします。その物件は分譲マンションですが、それを賃貸に出して収益を得るわけです。ところが、オーナーが売れば管理会社も代わることが多い。管理会社がコロコロ代わると、そのたびに手続きをしなければなりません。または破産するケースも一棟マンションと比較しても多いです。

分譲マンションか賃貸マンションかは、調べればわかります。登記上、分譲マンションは「居宅」、賃貸マンションは「共同住宅」となっています。

また、現地に行けば、掲示物などから管理組合があるかどうかがわかります。分譲マンションには管理組合がありますが、賃貸マンションにはありません。

物件資料にも「分譲貸し」と記されていることがあります。これは分譲マンションを貸し出しているということです。


分譲賃貸は単身者向けのマンションが多いですが、ファミリータイプの分譲マンションを転勤などに伴って貸し出しているものもあります。

ワンルームの投資用マンションのオーナーは、あくまでも投資目的で、住むために買うわけではありません。このため、「オーナーが戻ってくるから退去しなければならない」ということがまずありませんので、ワンルームなら分譲マンションでも可にしている企業はあります。

定期借家

「定期借家契約」の物件を不可にしている企業があります。定期借家とは、住む期間が決められているもの。たとえば、個人オーナーが転勤に伴って自宅を賃貸に出すものの、３年後に戻ってくる予定があるといったときに定期借家にします。

借り手の企業からすると、社員は転勤でもないのに、オーナーが戻ってきたら退去しなければなりません。退去して新しい部屋を借りると、また敷金や礼金、仲介手数料、さらには引っ越し費用もかかります。二重でコストがかかるというわけです。

それが最初からわかっているなら借りるべきではないという考えに基づいて、定期借家を不可にしている企業が多いのです。

ただ、定期借家が４年以上ならＯＫという企業もあります。そうした企業は４年以内での転勤を基本としています。

私がよくオーナーに言うのは「定期借家にすると、法人のお客さんが付かないですよ」。定期借家契約の物件は不可にしている企業がほとんどだからです。

一方、普通借家で貸りていれば、もしオーナーが戻って来て「出て行ってください」と言われても、出て行かなくていい。居住権のほうが強いからです。もしくは初期費用の返金や転居費用をお互い納得して退去するケースもあります。

海外居住者物件

海外居住者が所有する物件を不可にしている企業があります。

たとえば、海外に転勤になった人が自宅を貸し出したものは海外居住者物件に当たります。

海外居住者が所有する賃貸物件の家賃を払うとき、家賃の20・42％の所得税と復興特別所得税を源泉徴収しなければなりません。海外居住者の申告漏れを防ぐためです。これが借り手としては余計な作業になることから、海外居住者が所有する物件を最初から不可にしているわけです。

ただし、どうしても海外居住者の物件を借りたいときは抜け道があります。海外居住者の身内、たとえば父親と契約し、その父親からまた貸ししてもらうという構図にするのです。源泉徴収が必要なのは、貸主が海外居住者＋借主が法人の場合のみです。こうすれば源泉徴収の必要がなくなります。

源泉徴収の納税の手間を気にしないなら、海外居住者物件を不可にする必要はないと思います。しかし、そもそも海外居住者の物件自体が少ないですから、不可にしておいても不都合はないでしょう。

連帯保証人

連帯保証人については、大手・上場企業と中小企業で対応が分かれます。

大手・上場企業の場合、連帯保証人を付けなければいけない物件は基本的に不可です。上場していること自体、信用があるという考えに基づいています。オーナーにとって最も大きな懸念は家賃滞納ですが、上場企業なら所在がわからなくなることはまずありません。すでに社会的な信用がある上場企業が法人契約を結ぶのに、個人の連帯保証人を付ける必要性が乏しいのです。上場企業の役員は関連当事者取引が認められていないため連帯保証人になれないことも理由です。

企業によっては、連帯保証人の署名欄を必ずバツ印で締めるほど徹底しているケースもあります。

一方で、中小企業が法人契約するときは連帯保証人が必須になることが多い。ＬＤ

Kの場合、代表である私が連帯保証人になっています。「有村さん保証人お願いします！」といった感じで総務担当者がやって来るので、引き受けています。

ただ、家賃保証に加入すれば連帯保証人が不要になる物件もあります。

会社謄本と印鑑証明

会社謄本と印鑑証明も大手・上場企業と中小企業では対応が分かれます。

大手・上場企業のほとんどは会社謄本や印鑑証明の提出も不可としています。たとえば2000人社員がいるのに、いちいち対応していたら切りがないということです。

一方で、中小企業では代表が連帯保証人になるのと同じように、これらも提出することになります。

2カ月前の解約予告

賃貸物件の契約には「退去するときはいつまでに通知する」という「解約予告」が盛り込まれています。

１カ月もしくは２カ月が多いですが、個人で借りるときは交渉がほとんどできないでしょう。

しかし、転勤がある企業の場合、２カ月前に辞令が下りるとは限りません。このため、転勤がある企業の多くは、解約予告が１カ月前の物件しか契約できないと定めています。

その場合、解約予告２カ月前の物件については管理会社と交渉して１カ月前に変更してもらいます。上場企業の場合はほとんど認めてもらえます。

契約更新時の一方的な値上げ

物件によっては、契約更新時に家賃が自動的に値上げされる条項が入っていることがあります。あるいは、借り手が家賃の値上げに応じなければならないといった条項が入っていることがあります。こうした物件を不可にしている企業があります。

管理会社と交渉して「賃料改定は甲乙協議のうえ」といった文言を追記してもらいます。

短期違約金

賃貸物件の契約期間は2年間が基本です。契約書には「1年以内に解約した場合は、家賃1カ月分の違約金を支払うこと」といった短期違約金の特約が記載されていることがあります。

しかし、大手企業の社員はいつ転勤になるかわかりません。このため、短期違約金の条項は外すのが基本です。中には礼金を1カ月上げてくる管理会社がありますが、その場合は短期違約金のままにするべきです。1年以上住めば払わなくて済む可能性があるからです。

家賃の25日払い

家賃の支払い期日は、前月の25日や末日などに設定されています。

法人契約の場合、25日払いの物件でも末日払いに変更してもらうことが多いです。

昭和56年以前の物件や木造建築

耐震基準が１９８１（昭和56）年に変更されていることから、旧耐震基準の物件を不可にするのが一般的です。万が一、大地震が起きたときに社員の命を守るためです。社員を住まわせていた旧耐震基準の物件がもしも倒壊してしまったら、「何でそんな物件を社宅にしたんだ？」と責任を問われかねません。

これも安全性を考えてのことですが、木造建築を不可にしている企業があります。

ユニークなものでは、「ハザードマップ」の物件箇所に印を付けて提出することを求める企業があります。台風や大雨で洪水が起きても安全な場所かどうかを確認するためでしょう。

特定のアパート建設会社や管理会社

全国に違法建築アパートを建てていて社会問題になったアパート建設会社がありました。大手・上場企業では、この会社の物件は基本的に契約不可にしている会社もあります。これも社員の安全を考えてのものです。

法人向けに柔軟に契約書を変更してくれなかったり、退去時の精算でトラブルが起きたりする管理会社をあらかじめ不可にしている企業もあります。

ペット可物件

ペット可物件を不可にしている企業もあります。

とりわけ入居者を入れ替えていく企業はペット不可が基本です。ペットアレルギーの社員が入居する可能性があるからです。

ペットを飼いたければ、社宅ではなく個人で借りてくださいということです。

ペット可物件を不可にしていない企業でも、ペットを飼育した場合は退去時の補修費用は全額自己負担と定めている企業が多いです。

ほかにも、

・幹線道路や高速道路、線路のそばは避ける
・1階は不可
・家具・家電付きは不可

・敷金１％と礼金３％を家賃に計上
・同企業の社員が住んでいない物件
などのユニークなルールを設定している企業もあります。

次ページからは実際の企業の社宅に関する規定を参照して作成した、４つのよくあるパターンを紹介しています。
企業によって最低限のルールを定めているケースもあれば、細部にわたるまで細かく取り決めをしている場合とさまざまあります。あなたの企業で借り上げ社宅制度を導入し、規定を定める際の参考になさってください。

次ページをCheck!

パターン1

■社宅基準

家賃上限超過の場合	超過不可（管理費別）
間取り基準	独身：ワンルーム、1Kのみ
	世帯：規定なし
定期借家契約	残存10年以上あれば可
貸主海外居住者物件	不可
UR・公社・公庫賃貸物件	不可
会社謄本・印鑑証明	不可
連帯保証人	不可
解約予告	1ヶ月前まで
短期解約違約金	不可
原状回復費借主負担特約	不可
借家人賠償責任保険	法人包括あり
更新時値上条項	不可
更新料	家賃1ヶ月分以内
更新時事務手数料	更新料＋事務手数料の合計が家賃1ヶ月分以内
敷金	家賃2ヶ月分以内
礼金	家賃2ヶ月分以内
敷金償却	不可
入居時鍵交換代	（強制）法人（任意）入居者
入居時消毒代	（強制）法人（任意）入居者
町会費	入居者負担
水道光熱費	入居者負担
ケーブルTV	入居者負担
駐車場	（営業車）法人（自家用車）入居者
その他	事務所から15ｋｍ以内厳守 戸建て、木造不可 個人家主、解約月割不可 入居者入替必須 家具家電付き物件不可 1階不可 仲介会社指定（自己発見不可） 紹介物件は3件のみ

パターン2

■社宅基準

家賃上限超過の場合	超過分は入居者負担
間取り基準	規定なし
定期借家契約	不可
貸主海外居住者物件	不可
UR・公社・公庫賃貸物件	不可
会社謄本・印鑑証明	不可
連帯保証人	不可
解約予告	1ヶ月前
短期解約違約金	不可
原状回復費借主負担特約	不可
借家人賠償責任保険	入居者負担
更新時値上条項	不可
更新料	家賃1ヶ月分以内
更新時事務手数料	家賃0.5ヶ月分以内
敷金	家賃2ヶ月分以内
礼金	家賃2ヶ月分以内（入居者負担）
敷金償却	不可
入居時鍵交換代	法人負担
入居時消毒代	法人負担
町会費	入居者負担
水道光熱費	入居者負担
ケーブルTV	入居者負担
駐車場	入居者負担
その他	ペット不可 ドアtoドア60分以内(グーグルマップ) 同一建物内に店舗不可

パターン3

■社宅基準

家賃上限超過の場合	1ランク上位階級の家賃未満であれば可
間取り基準	独身：1K（30㎡以下）
	単身赴任：〜1LDK（50㎡以下）
	世帯：〜3LDK（80㎡以下）
定期借家契約	4年以上であれば可
貸主海外居住者物件	不可
UR・公社・公庫賃貸物件	不可
会社謄本・印鑑証明	不可
連帯保証人	不可
解約予告	1ヶ月前
短期解約違約金	不可
原状回復費借主負担特約	不可
借家人賠償責任保険	法人名義
更新時値上条項	不可
更新料	家賃1ヶ月分以内
更新時事務手数料	不可
敷金	なし
礼金	なし
敷金償却	なし
入居時鍵交換代	法人負担
入居時消毒代	法人名義
町会費	入居者負担
水道光熱費	入居者負担
ケーブルTV	入居者負担
駐車場	入居者負担
その他	旧耐震基準の建築物は不可 管理もしくは窓口が個人家主 分譲マンション 契約書法人指定 ファンド物件不可

パターン４

■社宅基準

家賃上限超過の場合	基準家賃の10%が上限
間取り基準	独身・単身赴任：30㎡以内
	世帯：夫婦のみ60㎡以内 3人以上の場合はなし
定期借家契約	不可
貸主海外居住者物件	不可
UR・公社・公庫賃貸物件	不可
会社謄本・印鑑証明	不可
連帯保証人	不可
解約予告	１ヶ月前
短期解約違約金	不可
原状回復費借主負担特約	不可
借家人賠償責任保険	法人名義（入居者負担）
更新時値上条項	不可
更新料	家賃1ヶ月分以内
更新時事務手数料	30,000円（税別）以上は不可
敷金	なし
礼金	なし
敷金償却	なし
入居時鍵交換代	入居者負担
入居時消毒代	入居者負担
町会費	入居者負担
水道光熱費	入居者負担
ケーブルTV	入居者負担
駐車場	法人名義（入居者負担）
その他	契約開始日は毎月1日のみ 災害警戒区域不可 戸建ての場合は駐車場代を相場設定し入居者負担

家賃保証と連帯保証人のどちらを優先する？

かつては賃貸物件を借りるとき、連帯保証人を付けなければなりませんでした。あなたが個人で賃貸物件を借りたことがあるなら、親や兄弟に連帯保証人になってもらったことがあるはずです。

近年は、家賃保証会社の家賃保証サービスへの加入を求められることが多くなりました。保証料は、初回家賃の50％や年間1万円など、保証会社によってさまざまです。

そもそも社会的な信用がある上場企業は連帯保証人を付けるのを不可にしていて、なおかつ家賃保証も外すのが一般的です。

しかし、中小企業が連帯保証人も家賃保証もどちらも不可にしてしまうと、借りられる物件がなくなってしまいます。

最近は、家賃保証への加入を求められるのが一般的ですが、中には連帯保証人とダブルで求められる物件もあります。これについては、どちらか一方にするための交渉の余地があると思います。

ＬＤＫの場合、家賃保証料を払いたくないので、家賃保証への加入を求められたとき、「代表の連帯保証ではダメですか？」と交渉します。それでよければ私が連帯保証人になります。

一方で、連帯保証人になりたがらない社長もいます。印鑑証明を取ってきて、実印を押すのはわずらわしいからです。総務担当者としても、社長に「連帯保証人になってください」と言いにくいかもしれません。その場合、連帯保証人を立てるのではなく、家賃保証料を払ってしまえばいいのです。

手間で解決するか、お金で解決するかの違いです。

家賃保証と連帯保証人のどちらを優先するのか。この段取りはルール化しましょう。そうしないと、総務担当者が会社と管理会社の板挟みになって、頭を抱えてしまいかねません。

社宅費引き落としの労使協定を結ぶ

借り上げ社宅に入居した社員の自己負担分は、給料から天引きします。しかし、勝手に社員の給料から天引きしてはいけません。

労働基準法第24条は「賃金は、通貨で、直接労働者に、その全額を、毎月1回以上、一定期日を定めて支払わなければならない」と定めています。つまり、賃金は全額を支払わなければならず、税金や社会保険料といった法律で定められたもの以外、会社が勝手に各種代金を差し引いてはいけません。これは社宅の自己負担分も例外ではありません。

借り上げ社宅制度を立ち上げる際には、社員と「賃金控除の労使協定」を結ばなければならないのです。いわゆる36協定と同じようなものです。

労使協定を結ばずに自己負担分を給与から天引きすると、法律違反になります。必ず社員との間で労使協定を結んでください。

借り上げ社宅制度の使い方は、社員にも周知させなければなりません。社内のイントラに社宅規定をアップするのが一般的です。

ただ、規定をアップしたからといって、社員がどこまで理解しているかは別問題。総務担当者が状況に応じて説明しなければならない場面が出てくると思います。

COLUMN

ＬＤＫの借り上げ社宅制度

ここでＬＤＫの借り上げ社宅制度をご紹介します。ＬＤＫは社員60人ほどで、このうち借り上げ社宅に住んでいるのは30人ほどです。数十人規模の中小企業の参考になると思います。

ＬＤＫの借り上げ社宅の対象となるのは入社2年目以降です。

ＬＤＫは大阪と東京、名古屋にオフィスがあります。家賃相場が地域によって異なるので、借り上げ社宅の会社負担分の設定も変えています。

単身者の場合、東京では家賃９万円の半分、大阪と名古屋は家賃の７万円の半分を上限に会社が負担します。ファミリーの場合、東京では家賃17万円の半分、大阪と名古屋は家賃11万円の半分が上限です。ＬＤＫの東京オフィスはＪＲ山手線・総武線「代々木」駅の近くにあるので周辺の家賃相場が高い。だから、ファミリーは家賃17万円と高めに設定しているのです。

たとえば、単身者が東京で家賃10万円の物件に住めば、４万５０００円が会社負担、5万5000円が自己負担です。家賃7万円の物件なら、半分なので3万5000円ずつを会社と個人が負担します。このため、単身者の多くは社宅の金銭的メリットを最大限に享受しようと、家賃9万円ギリギリの物件に住んでいます。

LDKには、会社から社宅までの距離や時間を制限する規定はありません。社員はどこに住むのも自由です。

ただし、社宅に住んでいる人には交通費は支給しません。社宅に住んでいない人には交通費を支給しています。会社の近くに住めば、自腹で払う交通費の負担が小さくなります。遠くに住んだら交通費を自分で払わなければなりません。

たとえば、東京勤務の場合、八王子なら家賃17万円で広い一戸建てに住めるでしょう。ただ、交通費は自己負担です。代々木で家賃17万円ではそんなに広い家には住めませんが、徒歩圏内なら交通費はかかりません。基本的には、会社の近くに住んでほしいという意図はありますが、社員が自由に選択していいようにしています。

社宅で交通費を代用させるやり方を取り入れている企業はほかにもあります。制度はなるべくシンプルなほうが運用は楽だとは思います。

社宅の立地に制限はないので、社員たちは実際にいろんな場所に住んでいます。多いのは、新宿の西側のエリアである西新宿や初台の辺り。錦糸町に住んでいる社員もいます。会社から徒歩圏内に住んでいる社員も複数います。中には、遠方のつくばエクスプレス「流山おおたかの森」駅から通っている社員もいます。共働きの社員の場合、配偶者の会社との位置関係で住む場所を選ぶことが多いようです。

ＬＤＫは、借り上げ社宅制度をすでに10年くらい続けています。元々は、若い社員はまだ給料がそれほど高くはないので、住まいをサポートしようというコンセプトで始めました。「10年以内に家を買うなどして自立しましょう」というのが私の考え。10年くらいは会社がサポートしますが、永久ではないという話はしています。

ただ、「10年経ったら家を買う」というのは昭和の価値観かもしれません。今は著名人でも一生賃貸派を公言している人がいます。もしかすると、10年目以降の社員にも社宅制度を利用してもらうことになるのかもしれません。これは私にとっての検討課題です。

なお、持ち家の人には「持ち家手当」を出しています。

第５章

社宅を借りよう！

信頼できる仲介会社の選び方

借り上げ社宅の社内規定をまとめたら、次はいよいよ物件を借りることになります。

そのために、まずは物件を紹介してもらう仲介会社を選びましょう。

賃貸物件は、基本的にどの仲介会社を通しても借りられます。ということは、仲介会社選びが大切なのです。

それでは、どのような観点で仲介会社を選べばいいでしょうか？　次の2つがポイントです。

1．法人契約に慣れているか？

とにかく法人契約に慣れている仲介会社を選ぶべきです。

賃貸物件は、オーナーや管理会社ごとに契約書が微妙に異なっています。

大手財閥系の管理会社M社が管理している物件なら、オーナーが誰だろうとM社の契約書に統一されています。だから、総務担当者としてはとてもやりやすい。

一方で、法人契約向けに契約を変更してくれない管理会社もあります。

どの管理会社なら法人契約がやりやすいのか、経験が豊富な仲介会社なら把握しています。これは、個人向けの仲介をどれだけこなしてもわからない世界です。

考えてみてください。「入居者個人が住民票を提出するのは普通でしょ」と言って譲らない仲介会社に総務担当者が法人契約のイロハから説明するのは気が遠くなる作業です。法人契約に慣れている仲介会社なら「いやいや、ちょっと待ってください。住民票はやめてください。本人だとわかったらいいじゃないですか。本人確認の免許証と、勤め先を証明できる社員証の写しで何とかやってもらえないですか？」と、管理会社と交渉してくれます。

そもそも、一般的な路面の仲介会社では、法人の社宅規定に合わせて物件を紹介することはしていません。

たとえば、広島から東京に転勤になることが決まった人が、一般的な仲介会社で部屋を見つけたとします。広島に帰ってしばらくすると、仲介会社から「この契約はできません」という連絡が入ったら、もう一度東京に行って部屋探しをやり直さなければなりません。想像しただけでも気が滅入るでしょう。

たとえ法人契約ができて無事に入居できたとしても、退去精算でトラブルになりやすい管理会社もあります。法人契約に慣れている仲介会社ならこうした情報を把握しているので、的確な情報を提供してくれることでしょう。

2. 借り手の立場に立ったエージェントか？

ここで改めて日本の不動産の賃貸仲介の構図をご説明します。

賃貸物件を貸したいオーナー。賃貸物件を借りたい入居者。この両者を橋渡しするのが日本の仲介会社です。

しかし、少しおかしくありませんか？

オーナーはできるだけ「高く貸したい」。入居者はできるだけ「安く借りたい」。両者の利益は相反するものです。正反対です。エージェントである仲介会社は、一体どちらの味方なのでしょうか？

民事裁判を考えてみてください。

訴えたAさんの弁護士と訴えられたBさんの弁護士は別の人です。Aさんの弁護士はAさんの利益を、Bさんの弁護士はBさんの利益をそれぞれ主張します。同じ弁護士が両者の弁護人にはなれません。

不動産の取引もこれとまったく同じ構図のはずです。本来、不動産も貸し手と借り手の双方にエージェントが付くべきです。実は、先進諸国では貸し手（売り手）と借り手（買い手）双方にエージェントが付くのが常識です。日本はなぜか貸し手と借り手のエージェントが同じという状態が許されているのです。

オーナーから管理や募集活動を任されている仲介会社は、オーナーの利益を代表します。契約時も、退去時も、オーナー寄りの対応になります。

典型的なのは、アパート建設会社系の仲介会社です。当然ですが、こうした仲介会社が優先して紹介するのは自社物件です。営業マンが自社管理物件を紹介したほうが評価される会社もあります。もちろん、そうした会社にもいい物件はあるでしょう。ただ、エージェントとしてはオーナー側です。

貸し手と借り手は利益が相反するので、中立のエージェントはありえません。ということは、借り手の代弁者になってくれる仲介会社を選ぶべきです。

路面店選びは営業マン選び

家電量販店に電気製品を買いに行ったときのことを思い浮かべてください。冷蔵庫コーナーに行けば、日立や三菱電機、パナソニックなど、さまざまなメーカーの商品が並んでいます。どれにしようか悩んでいると、店員がやって来て、それぞれの特徴を説明してくれます。「共働きですか？　それなら作り置きの料理を保存しやすいこれがいいですよ」とおすすめしてくれるわけです。感じのいい店員なら、

「じゃ、これにするか」となる一方で、頼りない店員に当たったら「また来ます」とその場を立ち去ることでしょう。

商品ラインナップは、家電量販店によって大差ありません。そうなると、家電選びは売り場の担当者次第の色合いが濃いのです。

実は、路面店での賃貸物件選びもこれと似ています。法人契約に限らず、個人が路面店で賃貸物件を探すこともあるでしょう。私自身、かつて路面店で賃貸仲介の営業をやっていました。その経験を踏まえると、仲介会社選び以上に担当者選びが重要だと考えています。

そもそも不動産情報はオープンです。

たとえば、有村マンションの２０１号室の入居者を募集しているとします。この物件は、どの仲介会社でも取り扱えます。不動産業界のデータベースに公開されるからです。ごく一部、特定の仲介会社しか取り扱えない物件もありますが、それは例外的なものです。

不動産ポータルサイトに掲載されている物件は、どの仲介会社を通してでも借りられるのが基本。家電製品はお店によって価格が違いますが、賃貸物件はどの仲介会社を通しても、家賃はまったく同じです。

そうなると、大切なのは仲介会社選びよりも自分に合う担当者探し。たとえば、店舗に10人の営業マンがいたら、その実力はピンキリです。

会社によって、問い合わせがあったお客さんを誰が担当するかのルールが異なります。営業マンにお客さんを割り振る順番が決まっている会社もあれば、入ってきたお客さんにすぐに対応した営業マンが担当になるというシステムの会社もあります。借り手からしたら、良い人に当たるかどうかは運次第。いくつかの仲介会社を回ってみて、自分が気に入った営業マンと付き合うのがいいと思います。

家電製品も山ほど種類がありますが、それでも冷蔵庫はせいぜい10機種くらいの比較。際限がないくらい数多くある賃貸物件から自分が住む部屋を見つけるのは、なおさら仲介会社というよりは営業マン次第なのです。

コンビニエンスストアの数は、約5万6000店。これに対して、宅建業者数は12

万8597社（2022年3月末時点、国交省調査）。実にコンビニの2倍以上です。しかも、5人以下の小さな不動産会社がものすごく多い。個人の能力が高ければ独立しやすいからです。

ここにも、会社選びよりも担当者選びという側面が表れていると思います。

社員が物件を決められる場合の流れは？

中小企業で、社員が自由に物件を決められるような借り上げ社宅制度を始めるとします。この場合にはどんな手続きの流れになるのでしょうか。

まず、社員は不動産ポータルサイトで物件を探します。気に入ったものが見つかったら、内見に行くか、資料のみで判断し、総務担当者に「この物件がいいです」と伝えます。これを受けて、総務担当者が指定の仲介会社に「この物件で契約したい」と伝えます。

法人契約に慣れた仲介会社なら、その物件が空いているか、会社の規定に沿っているかなどをチェックしてくれます。問題がなければ、「こういう会社のこういう人が入居を希望しています」という「入居申込書」を社員に書いてもらって管理会社に送ります。この時点で、基本的には部屋を確保できます。まずは部屋を押さえるというのが第一優先です。

次に、仲介会社は、管理会社からもらった書類一式を総務担当に渡します。ここからは総務担当者と仲介会社が契約についてメールや郵送でやり取りします。

物件探しの7つのチェックポイント

それでは、実際に物件を探すときのチェックポイントを見ていきましょう。これは、社宅に限らず賃貸物件探しに共通することです。

目に見えるところの不快感は、ある程度は予測できます。たとえば、ガスコンロが2口の物件に入居して、後から「何で3つないんだ！」とはならないでしょう。最初から目に見えているからです。ガスコンロだとわかって入居したのに、「なんでＩＨ

じゃないんだ！」ということもありません。「ＩＨのほうがよかったな」となることはあっても、クレームに発展することはまずありません。

クレームは、入居前には目に見えず、入居後に顕在化するトラブルや不具合に対してのものが多い。

代表例が、隣人とのトラブル。隣人がうるさいというのは、入居前はわかりません。シャワーの水圧が弱いというのも確認しない限りわかりません。洗濯機を置いたら振動で音がするというのもわかりません。こうしたトラブルに「管理会社の対応が悪い」という不満が加わるのです。

住んでから不快に思うことは、住む前には目に見えないところのことが多いのです。ですから、防ぎようがありません。

防ぎようのないことは自分でコントロールできません。だからこそ、コントロールできることは、きちんと確認しておくようにしましょう。

チェックポイント１　絶対に譲れない条件

私がいつもお客さんに伝えているのは「絶対に譲れないことは譲らずに決めたほう

がいい」ということです。

100％理想の部屋はなかなか見つかりません。それほどこだわらないポイントに引きずられるよりも、どうしても譲れないことだけはこだわって物件を選ぶといいと思います。

たとえば「駅から絶対に徒歩5分以内がいい」という人は、歩きたくないわけです。それなのに「きれいな物件だから徒歩10分でいいか」と思って決めてしまうと、住んでから「うわー、歩くのしんどい」となる可能性が極めて高い。それを毎日我慢するのはつらい。駅から5分以内と決めたら、5分以内で探して、それ以外の条件はある程度は妥協すべきです。

在宅ワークが中心で、日当たりや眺望を気にする人もいるでしょう。それなら下のほうの階には住まないほうが絶対にいい。多少古い物件でも、駅から少し離れていても、眺望の良い物件に住んだほうが、納得感があります。住んでから「ここを選んで良かった」と思えるはずです。

かつて、すごいお客さんがいました。自作のチェックシートをつくっていて、物件のさまざまな要素を点数化していくのです。「はい、ウォシュレット」「はい、日当たり」と、こだわりポイントを一つひとつチェックしていくわけです。そのときは5件回った末に、「この物件が最高点の18点なので、これにします」と決めていました。これは無茶苦茶なようでいて、とても理に適っています。

またある人は、自宅から家具・家電を持ってこられないので、その形を切り抜いてきた新聞を持ってきて、部屋に毎回並べて、寝転んでいました。実際に部屋に家具・家電を置いて住んだときをイメージしているのでしょう。

中には、風水にこだわる人もいます。

この仕事をしていると、本当にいろいろな人と出会います。

１００％理想の物件なんてありません。どこで妥協するかです。

よく「いい物件」「悪い物件」と言ったりします。もし本当に悪い物件があるなら、誰も住みません。たとえば、住まいといえば南向きが定番ですが、大阪に住み慣れている人は西日の暑さを知っていて、「北向きの物件がいい」と言う人もいます。単身者でも「絶対に南向きじゃないと嫌です」と言う人もいます。本当にさまざまです。

自分が絶対に譲れない条件だけはこだわるといいと思います。

チェックポイント2　おとり広告

物件を探すときは、不動産ポータルサイトにいろいろ条件を入れて検索することでしょう。

ここで避けて通れないのが「おとり広告」です。

あなたが賃貸物件を借りたことがあるなら、不動産ポータルサイトを見て魅力的な物件を見つけたうえで、仲介会社に連絡を入れて足を運んだことでしょう。すると、「あの物件は入居者が決まってしまったんですよね」と言われたことがあるかもしれません。それはおとり広告に釣られた可能性大です。

おとり広告とは、実際には空いていない魅力的な物件で入居者を募る広告のこと。宅建業法などで禁止されていますが、実際には横行しています。不動産ポータルサイトに掲載されている物件のうち3〜4割はおとり広告の疑いがあると思います。

私が自宅を賃貸に出したときのこと。すでに入居者が決まって契約が終わったのに、登録していた不動産ポータルサイトから「こんな物件が出ました」と自分の自宅の情報が送られてきました。

２０１６年には、テレビの経済番組が大手仲介会社のおとり広告を取り上げたのをきっかけに社会問題化しました。すでに満室のマンションの募集広告を大手チェーンの加盟店が出していたのです。そのマンションのオーナーの協力を得て仲介会社に問い合わせてみたところ、「さっき決まっちゃいました」という返答。さっきどころかずっと埋まっていたとオーナーは証言しました。つまり、空いてもいない物件の広告をオーナーに無断で出していたことが明るみに出たのです。このときは大手チェーンが謝罪に追い込まれました。

私が大阪で営業マンをやっていたとき、次のようなことがありました。家賃10万円のAマンションなのに、ある仲介会社が８万５０００円で広告を打っていたのです。お客さんから「何で有村さんのところは10万円なんですか？　ネットでは８万５０００円ですよ」と言うわけです。Aマンションを管理する大手管理会社が発行する募

集資料には10万円と明記されています。8万5000円のはずはありません。そのことをご説明しても、

「でも8万5000円で載ってるんで」

「じゃあ、その仲介会社に行ってみてください。もう決まりましたって言われますから」

お客さんがその仲介会社に行って、戻って来るなり
「有村さんの言う通りでした……。なかったです」

それではおとり広告対策はどうしたらいいのでしょうか？　私が編み出した方法は次のものです。

「じゃあ、私が今から電話します」

そう言って、仲介会社に電話するとき、スピーカーでお客さんに横で会話を聞いていただきます。

「この物件空いてますか？」

「空いてます！」

「8万5000円で間違いないですか？」

「間違いないです！」

と、仲介会社の営業マンは元気いっぱいに返答するわけです。

「じゃあ、今から申し込みしたいので申込書を送ってください」

そう伝えると、態度が一変します。

「あ、すいません。ちょっと待ってください。ちょっと折り返していいですか？」

と、切られてしまうのです。しばらくして電話がかかってきて
「すいません、申し込みが入っているみたいです。どんな物件をお探しですか？」

「いや、この物件だけが良かったので、すいません」

となるわけです。


おとり広告については、不動産業界も不動産ポータルサイトも問題視していますが、なかなかなくなりません。同じようなサービスを提供しているのがホテルの予約サイトですが、こちらとの違いは空き情報がリアルかどうかです。賃貸マンションの空室もリアルで確認できればおとり広告はなくなるのに。業界の悪しき文化です。仲

介会社は「広告を載せたときは空いていると思った」「見落としていた」といくらでも言い逃れができるのです。

仲介会社は、どれだけ問い合わせを集められるかが勝負どころ。おとり広告を出してでも顧客情報が欲しいわけです。

店舗を訪れたとき「さっき決まっちゃいました」と言われたら、要注意です。


仲介会社に行くと、間取りや地図、家賃、各種設備などが書かれたA4サイズの紙を見ることでしょう。ショーウインドウに貼りだしている仲介会社もあります。東京ではマイソクと呼ばれることがあります。

その物件資料の下部には「〇〇不動産」と社名が入っています。

実はあの帯部分だけ自社の社名に変えています。

不動産物件は、レインズという公的な情報サイトに掲載するのがルール。どの仲介会社も仲介できる透明性の高い市場になっています。

お客さんから「この物件を見たい」と言われたら、管理会社に連絡して「空いてますか？」と確認します。

「空いてますよ、紹介してください」と言われたら、お客さんに紹介するという流れです。これは、大手仲介チェーンも駅前個人店も同じです。

チェックポイント3　清掃

実際に物件を見に行ったときのポイントは清掃です。隣にどんな人が住んでいるかはわかりませんが、管理会社の清掃がどうなっているかは見ればわかります。

建物まわりや郵便ポストまわりなどをチェックしましょう。きちんと管理されているかがわかります。

大手をはじめとするきちんとした管理会社は、定期的な清掃をルール化しています。だから、いつでも物件の清掃が行き届いています。もちろん小さな管理会社でも、きちんと清掃しているケースもあります。

ところが、管理の弱い会社だと、入居者からクレームが入ったら駆けつけて清掃することもあります。

チェックポイント4　ごみ置き場

ぜひともごみ置き場はチェックしてください。

清掃とも関連しますが、ごみ置き場が汚い物件は管理が行き届いていない可能性大。何かトラブルがあったとき、誠実に対応してもらえない恐れがあります。

ごみ置き場がきれいなら、まず間違いなく管理が行き届いています。一番わかりやすいポイントかもしれません。

チェックポイント5　掲示板

エントランスなどにある掲示板もチェックしてみてください。

2023年なのに、よくよく見たら2018年の掲示だということも。

古いのをそのまま放置しているというネガティブなとらえ方ができる一方で、いい意味でとらえると、それ以降何もトラブルが起きていないとも受け取れます。

たとえば、「最近はこういう騒音クレームがあるので、みなさん気をつけてください」といった貼り紙があれば、自分の隣の部屋が騒音でうるさい可能性があります。

掲示板をチェックすると、読み取れる情報がけっこうあります。

チェックポイント6　セキュリティ

14階建てのきれいなマンションを女性の方にご紹介したときのこと。女性の一人暮らしなので、安全面を考えて最上階にしました。

ところが、空き巣に入られてしまいました。

14階建ての最上階だから安全かと思いきや、屋上からガラスを割って侵入したようです。

これは、私たち仲介会社として予測できないことでした。それでも、想定外のことは起こりえます。

犯罪は、なかなか防ぎようがないのが実情です。

たとえば、1フロア2戸のペンシル型マンションがあるとします。隣が空室だと、廊下は誰も歩きません。扉を壊しても、誰も気づかないのです。

泥棒がペンシル型マンションに目を付けたとします。管理会社に「〇〇不動産ですが、□□マンションは空いてますか？」と問い合わせれば、空室情報を手に入れられるのです。

空き巣被害が頻発しているわけではありませんが、一定数はあります。階が上だからといって安全というわけでもありません。オートロックも安全とは限りません。入ろうと思えば、誰かが入るタイミングで入居者を装って入るのは簡単です。オートロックは多少の防御にはなりますが、絶対ではありません。

部屋探しのとき、共同住宅にはそうしたリスクがあることは意識したほうがいいと思います。

安全が気になるなら、二重ロックの物件やセキュリティ賃貸に入ることも検討しましょう。

チェックポイント7　単身者向けかファミリー向けか

物件によっては、単身者向けのワンルームタイプとファミリータイプが混在しているマンションがあります。

そうしたマンションに単身者が住むと、「隣の部屋の赤ちゃんの泣き声がうるさい」といったことが起こりえます。逆に、ファミリーからすれば「隣の単身者が友達を呼んで騒いでいる」となるわけです。これは、よくあるトラブルです。

まわりも同じような間取りのマンションのほうがトラブルは少ないでしょう。マンションの間取りは、フロアごとに自由に設定できません。構造上、柱などがあるからです。

このため、基本はどのフロアも同じ間取りの部屋になっています。たとえば、1階はすべてワンルーム、2階はすべてファミリータイプという構成になっていることは非常に稀《まれ》です。1階にワンルーム3戸とファミリータイプの2LDK1戸という構成なら、それが2階も3階も基本的には同じ構成になっているのです。

ファミリーには、ファミリーの生活サイクルがあります。自分たちも子育てしていたり、子育て経験があったりすれば、隣の赤ちゃんの泣き声は気にならないでしょう。むしろ微笑ましいくらいです。

一方、単身者には単身者の生活サイクルがあります。大騒ぎしていれば話は別ですが、隣の部屋が夜型の生活でも気にならないでしょう。

単身者とファミリーが混在しているマンションには、生活サイクルの違いがあることは留意しておいてください。

それでは、マンションの部屋の構成がどうなっているのか、一般の人にわかるのでしょうか?

簡単です。マンションをベランダ側から見てください。窓の間口が1部屋分か、2部屋分かがわかります。1部屋分ならワンルーム、2部屋分あれば横長の1LDKや2L、3Lといったファミリータイプです。中には、外から見ると1部屋分でも、縦長で1LDKという物件もありますが、基本的には単身者用です。

まわりの住人の生活サイクルが気になる人は、単身者向けかファミリー向けかに注目してみてください。

地位の高さと内見数は反比例!?

私は若いころ、上場企業の会長や社長は居丈高にしているイメージを持っていました。ところが、実際に接してみて、イメージが一変しました。

私は、上場企業の会長や社長、役員といった幹部の方々の借り上げ社宅探しをお手伝いすることがあります。

私が知る限り、上場企業の社長で物件選びのときに3件見た人はいません。多くて2件。最初の1件で即決する社長も珍しくありません。上場企業の社長や役員の方々は決断が早いのです。若ければ若いほど数多く見たがり、ポジションが上に行けば行くほど見る件数が少なくなっていく傾向があります。

きっと、幹部の方は忙しくて、物件を回る暇がないのでしょう。幹部の方が入る物件は家賃が高いので、満足してもらいやすいという側面もあるでしょう。幹部の方は希望の条件が明確ということもあるかもしれません。

お客さんの中には「もっといい物件出してよ」と、下請け扱いしてくる人もごくまれにいますが、立場が上になればなるほどそういう人が減っていきます。上場企業の会長や社長といった社会的地位が高い方々は、ビジネスパートナーとして接してくれるのです。

幹部の方々は「あなたに任せた」と言ったら、本当に任せてくれます。任せ上手だから出世しているのかもしれません。

オプションはできるだけ外す

２０１８年12月、北海道札幌市の仲介会社で爆発があり、52人が負傷するという大事故がありました。原因は、保管していた除菌消臭スプレーを廃棄するためにガス抜きしていたとき、引火したことでした。保管していたスプレーは、実に２４０本以上。後に消臭代1~2万円を入居者から取っていながらスプレーしていなかったケースがあったことが明らかになりました。

消臭代や殺虫代などは、スプレーを振るだけなのに1万円くらい取られます。賃貸物件を借りると、こうした「付帯商品」と呼ばれるものがたくさん付いてきますが、基本的には不要です。管理会社がこうした付帯商品をすすめるのは、キックバックが入るからです。

個人で賃貸物件を契約するときに管理会社と交渉すると、消毒などの付帯商品を外せることもあれば、外せないこともあります。法人契約の場合、仲介会社が間に入って管理会社と交渉してくれることがあります。このため、法人の場合、個人よりも有利な契約ができる可能性があります。

「24時間サポート」への加入をすすめられることもあるでしょう。

たとえば、「カギをなくした」「トイレの水が止まらない」といったトラブルに24時間対応してくれるというサービスです。

しかし、24時間サポートの電話受付は、コールセンターに委託されていることがほとんどです。つまり、一次受付にすぎません。コールセンターでの一次受付の後、翌日の営業時間に管理会社に連絡が行く、という構図になっているケースがあるのです。24時間サポートの会社が夜中でもすぐに駆け付けてトラブルを解決してくれるなら加入する価値はありますが、そうでなければ加入する必要はありません。

24時間サポートは任意と強制の2パターンがありますが、法人契約の際はできるだけ外したほうがいいというのが私の考えです。

それではなぜ、管理会社は24時間サポートを付けたがるのでしょうか？　これも管理会社にキックバックが入るからです。

24時間サポートの料金は2年契約で1万5000円から2万円くらい。2万円だとすると、1万円くらいが管理会社にキックバックされます。だから加入させたいのです。

あらかじめ社内規定に「24時間サポートは外す」と盛り込んでおきましょう。個人の場合、強制加入の場合は入らざるをえません。加入しないと言ったら、「それなら貸しません」と言われるのがおち。法人契約なら「規定で決められている」「稟議で通らない」と伝えることができるので、交渉に乗ってもらえる可能性が出てきます。

原状回復費は国交省ガイドラインにのっとるのが大前提

賃貸物件を借りたことがある方なら、退去時に高額の原状回復費を請求されたことがあるかもしれません。

「民間賃貸住宅を巡るトラブル相談対応研修会（２０１８）」（国土交通省補助事業）などの調査によると、賃貸住宅に関する相談のうち、断トツで多いのが「原状回復と敷金返還に関する相談」で、58・９％にのぼりました。

国交省は、原状回復を「賃借人の居住、使用により発生した建物価値の減少のうち、賃借人の故意・過失、善管注意義務違反、その他通常の使用を超えるような使用による損耗・毀損を復旧すること」と定義し、その費用は賃借人負担としています。

簡単に言うと、わざと汚したり、不注意で傷つけたりしたものは入居者が修繕費を負担するということです。

一方で、ごく普通に日常生活を送ることによる損耗の修繕費は賃料に含まれるものとしています。

こうした考えに基づいて、国交省はガイドラインをまとめています。

原状回復費用の負担については、この国交省のガイドラインに準拠するというのが法人契約の大前提です。

さらに、東京都には「東京ルール」というのがあります。正式には東京都が2004年に施行した「賃貸住宅紛争防止条例」のことです。

東京ルールでは、冷蔵庫の後ろの黒ずみは貸主負担、ペットによるキズや臭いは借主負担といったことが細かくルール化されています。これを見れば、一般の人でもよくわかるようになっています。

東京都の場合、重要事項説明書の一番上にこの東京ルールを入れなければなりません。このため、東京では原状回復でトラブルになりにくいのです。万が一もめたら、「これは東京ルールで決められています」「都庁に相談してみます」と言ってみてください。

それではなぜ、退去のときの精算でオーナーと入居者の認識に大きなズレが生じるのでしょうか？　これは私の想像ですが、オーナーは貸したときのイメージが頭に残っているのではないでしょうか。新築のマンションを建てて、入居者に3年間貸しました。オーナーは退去時の引っ越しの日に立ち会ったとき、「え、こんなに汚したの？」という感覚なのです。3年間は部屋の中を見られないので、真新しかった部屋が突然汚されていると感じるのです。自然損耗や経年劣化の概念は、個人オーナーには乏しいのではないでしょうか。

考えてみてください。確かに3年経って部屋は古びたでしょう。しかし、家賃10万円なら3年間で受け取った家賃は総額360万円。その対価として部屋は汚れているのです。

私は国交省のガイドラインについて説明するとき、レンタカーを引き合いに出します。レンタカーに乗って、200キロ走ったとします。タイヤは摩耗します。その対価としてレンタカー代を払っているのです。ガソリンは満タンにして返しますが、タイヤを交換して返すなんてありえません。タイヤの減りは経年劣化です。事故を起こさなくても、普通に運転すれば減っていきます。そのことを理解しない個人オーナーがいるのです。

大事なマンションを汚されたくないというオーナーの気持ちはわかります。しかし、国交省のガイドラインに準じた内容で交渉するようにしましょう。

【相談段階別にみた相談件数の内訳】

（令和４年３月　賃貸借トラブルに係る相談対応研究会）

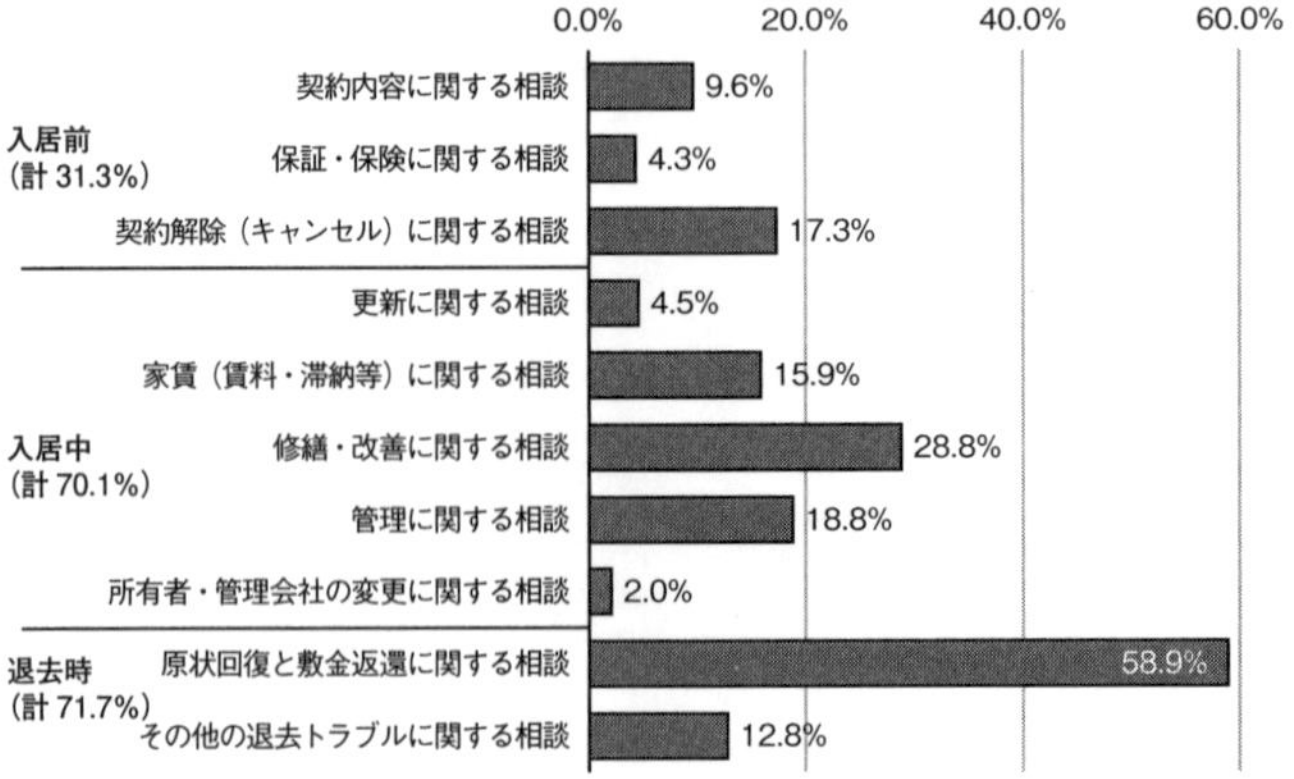

【東京ルールの例】

これらの負担区分は一般的な例示であり、損耗等の程度によっては異なる場合があります。

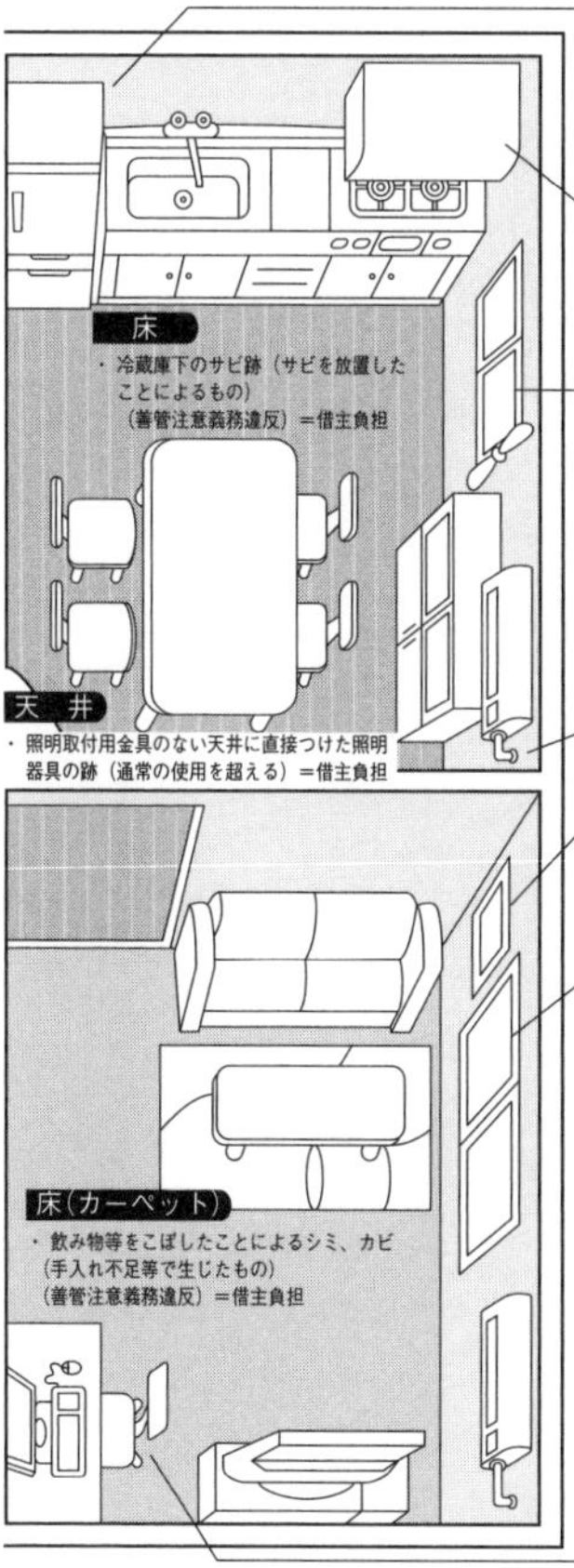
床
・冷蔵庫下のサビ跡（サビを放置したことによるもの）（善管注意義務違反）＝借主負担
天井
・照明取付用金具のない天井に直接つけた照明器具の跡（通常の使用を超える）＝借主負担
床(カーペット)
・飲み物等をこぼしたことによるシミ、カビ（手入れ不足等で生じたもの）（善管注意義務違反）＝借主負担

壁(クロス)
- 冷蔵庫の後部壁面の黒ずみ（いわゆる電気ヤケ）（通常損耗）＝貸主負担
- 台所の油汚れ（使用後の手入れが悪くススや油が付着している場合）（通常の使用を超える）＝借主負担

水回り
- 台所の消毒＝貸主負担
- ガスコンロ置き場、換気扇の油汚れ、すす（手入れを怠ったことによるもの）（善管注意義務違反）＝借主負担

建　具
- 網入りガラスの亀裂（構造により自然発生したもの）＝貸主負担

居室全体
- ハウスクリーニング（専門業者による）（借主が通常の清掃を実施している場合）＝貸主負担

壁(クロス)
- クーラー（借主所有）から水漏れし、放置したため壁が腐食（善管注意義務違反）＝借主負担
- エアコン（借主所有）設置による壁のビス穴、跡（通常損耗）＝貸主負担
- 壁に貼ったポスターや絵画の跡（通常損耗）＝貸主負担

建　具
- 地震で破損したガラス（自然災害）＝貸主負担
- 網戸の張り替え（破損等はしていないが、次の入居者確保のために行うもの）＝貸主負担

壁(クロス)
- クーラー（貸主所有）から水漏れし、借主が放置したため壁が腐食（通常の使用を超える）＝借主負担
- テレビの後部壁面の黒ずみ（いわゆる電気ヤケ）（通常損耗）＝貸主負担

床(フローリング)
- フローリングのワックスがけ＝貸主負担
- 色落ち（借主の不注意で雨が吹き込んだことなどによるもの）（善管注意義務違反）＝借主負担

床(カーペット)
- 家具の設置による床、カーペット等のへこみ、設置跡（通常損耗）＝貸主負担

床(フローリング)
- キャスター付のイス等によるキズ、へこみ（善管注意義務違反）＝借主負担

お互いハッピーな入居時に契約を確認する

退去のときに管理会社とトラブルになって、

「契約書にサインしていますよね？」

と言われても、2年前のことだと「あれ？　したっけな」といった感覚でしょう。

入り口の時点で契約書をきちんとチェックすることが大事です。とはいえ、個人だと交渉の余地がほとんどありません。

「それなら借りないでいいです」「これにハンコを押してくれないなら契約できません」で終わりです。

ところが法人の場合、「これが通らないと会社の稟議が下りない」と言えるのです。入居する人の主観ではなくて、会社という法人組織のルールで認められないという大義名分を主張できること。これが法人契約の強みでもあるのです。

それがたとえひとり会社でも「個人のわがままじゃありません。法人のルールです」という体裁を取れます。

契約書に「国交省のガイドラインにのっとる」という文言をあらかじめ入れておけば、退去時の交渉で有利になります。

「これ違いますよね？」

「これは自然損耗じゃないですか？」

「ガイドラインにこう書いてありますよ」

と主張できるのです。すると、管理会社も「そうですね」と引き下がらざるをえません。だからこそ、大切なのは入り口の契約です。

契約のときは、借り手としては新居に引っ越しするということでテンションが上がります。オーナーも入居者が見つかって喜んでいます。お互いハッピーな時点なら、契約についてシビアなことを言いやすいのです。相手の機嫌がいいうちに「それぐらいだったらまあまあいいですよ」という譲歩を引き出すようにしましょう。

そのとき、お金が発生するわけでもありません。「これは払ってください」と言われたらオーナーは嫌がりますが、将来発生するかどうかわからないお金のことよりも、空室がなくなって家賃が入ってくる安心感がまさって「わかりました」となりやすいのです。

ところが、退去するときにはお互い無関係になるのでもめてしまうわけです。お互いにハッピーなうちに、退去時のシビアな内容について契約書に盛り込んでおきましょう。

管理会社選びがトラブル防止のカギ

ＬＤＫの借り上げ社宅制度では、退去精算費用を自己負担にしています。ということは、原状回復費が高額になれば、すべて自分で払わなければならないのです。

そうなると、ＬＤＫの社員たちは社宅を借りるとき、何を気にするでしょうか？

管理会社です。

ＬＤＫの社員たちは慎重に管理会社を選んで物件を契約します。社宅仲介の場数を踏んでいるＬＤＫは、退去時にもめにくい管理会社ともめやすい管理会社を熟知しています。だから、社員たちは退去時にもめにくい管理会社を厳選しているのです。

結果的に、多くの社員が大手管理会社の管理物件を選んでいます。

なぜ、大手管理会社の管理物件に入居する社員が多いのか？　圧倒的にもめにくいからです。大手管理会社が国交省のガイドラインを無視するような対応を取ることはありえません。東京の物件なら、東京ルールを踏まえてくれます。多少は交渉になることはあっても、もめることはほぼありません。大手管理会社は入居時のトラブル対応も早い。


大手管理会社はそもそも法人契約も慣れたものです。

「家賃の振り込みは25日から月末に変えてほしい」

「解約予告は2カ月前ではなく1カ月前にしてほしい」

など、会社の規定に沿った契約に変えてもらいたいとき、大手管理会社なら話が通じないことはまずありません。


もちろん、中小の管理会社や個人オーナーでもきちんと対応してくれるところもあります。どの管理会社ならトラブルが起きにくいか、法人契約を得意とする仲介会社なら熟知しているはずです。

物件選びも大事ですが、実は管理会社選びがトラブル防止のカギを握っているのです。

1棟丸ごとや1フロアなど、借り方はさまざま

借り上げ社宅では、1部屋だけ借りるケースもあれば、1フロアを借りたり、マンション1棟を丸ごと借りたりするケースもあります。

男女間のトラブルを防ぐために、男性と女性で社宅の物件を分ける企業もあります。

一方で、男女の社宅を同じ物件にして、フロアだけ分ける企業もあります。女性が困ったとき、男性に助けを求めに行けるので近くに住んでいるほうがいいという考え方です。驚くほど企業によって考え方はさまざまです。

場所は、社内規定の価格とギリギリ合うエリアで借り上げるケースが多い。東京では、山手線内のエリアは家賃が高すぎて、多くの企業の社宅規定に合いません。東方

面なら清澄白河（大江戸線、半蔵門線）や森下（大江戸線、新宿線）、西方面だったら初台（京王線）辺りが借り上げ社宅の多いエリアです。

立地や家賃、法人契約できるかなどの条件が似通うことから、社宅に向く賃貸マンションに、複数の大手企業の社宅が入っているというのも珍しくありません。

社宅代行会社に委託したほうがコスパはいいことも

借り上げ社宅のルールをつくらなければならない、法人を得意とする仲介会社も探さないとならない、管理会社の目利きも必要……借り上げ社宅を始めるのは何だか大変そうだと思ったかもしれません。

心配いりません。必ずしも、自社ですべてをカバーしなければいけないわけではないからです。

社宅にかかわりのない方は馴染みがないかもしれませんが、「社宅代行会社」というものが存在します。

日本社宅サービスやリロケーション・ジャパン（リログループ）、東急や三井、長谷工のグループ会社など、大手だけでも10社くらいあります。

社宅代行会社は、企業に代わって家探しから契約書のチェック、支払調書の作成などを代行します。

大手企業は500戸、1000戸、さらには数千戸の管理を委託しています。上場企業の6割ぐらいは社宅管理をアウトソーシングしているといわれています。

社宅代行会社の料金は、100戸以上の場合、1戸当たり月1000～2000円というのが多い。

しかし、50戸未満ではこの単価で引き受けてもらえない可能性が高い。1室当たり月2500～3000円と考えたら、30戸だと月10万円くらいかかります。

「せっかく社宅を導入して節税したのに、月10万円払うのはどうなの？」という疑問が頭に浮かぶでしょう。

しかし、退去時の精算のときに10万円以上元を取れるならば、社宅代行に委託しても損はありません。企業の総務担当者は退去精算のプロではないので、管理会社との交渉を有利に進めるのが容易ではありません。社宅代行会社はプロなので、国交省のガイドラインに基づいて管理会社と強気に交渉ができるわけです。

社宅代行会社は、転貸方式も採用しています。これは、クライアントに代わって物件を借り上げて、それをまた貸しするというサービス。小さな会社が賃貸住宅を借りようとすると、「家賃保証を付けろ」と求められますが、大手の社宅代行会社なら求められません。社宅代行会社は無駄なオプションをすべて外せます。その分、安く借りられるのです。

コストを考えても、社宅代行会社に委託するというのも十分検討する価値があると思います。

社宅代行会社によってさまざまですが、30室くらいでも引き受けてくれるところもあります。ただ、一桁だと厳しいかもしれませんが、興味があれば問い合わせてみてください。

50戸が自社管理と外注の境界線

借り上げ社宅を自社管理するか、社宅代行会社に外注するか、目安は50戸くらいだと思います。

50戸までなら外注せずに自社管理できますが、50戸を超えてくると社宅代行会社への委託を検討するといいでしょう。

総務担当者が社宅関連で忙しくなるのは、3〜4月の入退去時期。入居時の契約のチェックと退去の精算の明細チェックなどが重なって、忙しくなると思います。

それ以外の時期は、家賃の振り込みくらいで、とくにやることはありません。

後は2年に1回の契約更新の手続きくらいです。

ちなみにLDKの借り上げ社宅は30戸くらいなので、総務担当者1人で管理していて、社宅代行会社に管理は委託していません。

この総務担当者は、社宅の業務だけをやっているわけではありません。通常の総務の仕事の一部として、社宅を担当しているわけです。30戸なら、それで十分対応できます。

ＬＤＫはそもそも不動産のプロ集団なので、自社で管理して、自社で管理会社と交渉できるという面はあると思います。

法人専門の仲介会社ならフルサポートしてもらえる

総務担当者は、借り上げ社宅を担当することになるといっても、必ずしも不動産に詳しいとは限りません。しかし、借り上げ社宅制度、恐るるに足らずです。借り上げ社宅に慣れている法人専門の仲介会社と付き合えば、規定づくりから物件選びまで、ひと通りサポートしてくれるはずです。

規定づくりなら、ひな形に基づいて「これは入れましょう」「これは不可にしましょう」「これはうちが管理会社と交渉します」といった感じで、アドバイスしてくれるはずです。

社内規定さえつくってしまえば、後はそれほど大変ではありません。業務フローは企業によって異なりますが、信頼できる仲介会社と付き合えば、社宅への入居を希望する社員が出たら、総務担当者が「こういう社員が社宅に入るので、連絡を取ってください」と連絡すればいいのです。

そうすれば、仲介会社が直接社員に連絡を取って、規定に納まる物件を紹介してくれるはずです。総務担当者に物件情報が上がってきたときには、規定に準じたものになっているはずです。

新入社員向けの借り上げ社宅を複数探すときには、仲介会社の担当者が総務担当者を物件回りに案内することもあると思います。

もちろん、最初から完璧な規定ができるとは限りません。「もうちょっと良い業者はないかな?」「もうちょっと良いやり方ないかな?」といった課題が浮上することでしょう。借り上げ社宅制度を運用しながら問題点を改善していけばいいのです。

COLUMN

仲介手数料という概念を壊したい

不動産の取引には、仲介手数料が発生します。

賃貸仲介の場合、家賃1カ月分プラス消費税というのが上限です。仲介手数料が1カ月分なら、家賃5万円の物件を決めれば5万円、家賃100万円の物件を決めたら100万円です。

私は、この仲介手数料という考え方自体がおかしいと思っています。

よく考えてみてください。家賃5万円の物件を仲介しようが、家賃100万円の物件を仲介しようが、仲介会社のサービスは同じです。手間も大して変わりません。家賃でサービスの価格が決まるのは、何か変だと思いませんか?

たとえば、ミネラルウォーターを年収500万円の人には50円、年収2000万円の人には200円で売っているようなものです。

私は、1件当たりの仲介手数料を仮に10万円に設定したら、家賃にかかわらず10万円にすべきだと考えています。

あるいは、すべての料金込みの価格を設定して、仲介手数料を取らないほうが正しいのではないかと思っています。

お客さまから「営業車が増えたから駐車場を1台分探してきてよ」と依頼されることがあります。ところが、駐車場の紹介では仲介手数料を取れません。「そんなことをやっても無駄だ」と考える人もいるでしょう。

確かにお金にはなりません。できるだけお金になることをやりたいという気持ちもわかります。個人向けの営業ならそれでいいでしょう。しかし、BtoBでは、それは違うと思います。たとえ利益にならないことでもクライアントに喜んでいただくと次の大きなビジネスにつながる可能性があるのがBtoBです。

不動産仲介ビジネスは、価格勝負でもない。家賃は、どの仲介会社を通して借りても同じです。仲介手数料も同じです。

それでは法人仲介ではどうやって差別化するのか？

たとえトラブルが起きても、絶対に逃げないという覚悟を持ったサービスができるかどうかだと思っています。

第6章

借り上げ社宅制度を知らない中小企業が9割

「出張以上、転勤以下」がこれからのトレンド

2022年6月、朝日新聞に、ミズノ株式会社の水野明人社長の「単身赴任を減らす検討をしており、転勤ではなく出張で業務をこなしてもらうことも試行中だ」とのコメントが掲載されました。これまでは人事異動や担当業務の変更に伴って転勤していたのを、出張で対応していくというのです。

かつて大手企業の多くは、会社命令の転勤が当たり前でした。私もこれまで、転勤者向けの社宅斡旋と仲介を主に手がけてきました。

しかし今、時代が大きく動き始めています。NTTや富士通、JTBなどが社員の望まない転勤の廃止を打ち出したのです。

多店舗展開している企業を中心に、地域限定社員制度の導入も広がっています。これは、全国転勤がなく、ある一定のエリア内だけで異動する制度です。たとえば、ユニクロや吉野家、スターバックス、マクドナルドなど、そうそうたる企業がすでに導

入しています。

これまで働く場所や働き方は会社が一方的に決めるものでした。今後は、社員に権限と責任を付与する方向へとシフトしていくのです。私は、このメリットは大きいと思います。というのは、会社から信頼され、任されると、成果にコミットする意識が高まるからです。さらには、人材が拠点をまたいで行き交うことによって新たな交流が生まれ、新しいアイデアを創出するための刺激にもなります。

この高齢化が進む中で、親の面倒を見るために転勤できない人も増えるでしょう。出張なら何とかなるはずです。

「令和3年（2021）人口動態統計」によると、結婚件数は50万1138組、離婚件数は18万4384組でした。日本では3組に1組が離婚するといわれるのはこのためです。

実は、単身赴任者は離婚率が2倍だといわれています。お互いのコミュニケーションが減ったり、浮気しやすくなったりといったことが原因になっているようです。

「家族との絆が失われる」

「子どもの成長が見えない」

これらは、単身赴任者が抱える悩み。従来の会社命令型の単身赴任では、さまざまな問題がありました。

離職を防げたり、親の介護ができたりといったことを考えれば、「出張以上、転勤以下」のような働き方がこれから増えていくのではないでしょうか。

最近の若者は転勤を嫌います。人材採用の面でも、転勤から出張へのシフトは有利になると思います。

もしも転勤と出張の手配窓口が一本だったら……

それでは、転勤者は激減しているのでしょうか？　データを見ると、意外とそうではありません。元々、正社員に占める転勤者の割合は、わずか2％程度だからです。

コロナ前の2019年が2・2％で、コロナ禍の2020年は2・1％に低下しましたが、それほど減っていません（https://www.works-i.com/sp/teiten/detail034.

html)。そもそも転勤市場自体が小さいのですが、今後も一定の転勤ニーズが続くとみられます。

これからは、従来の転居を伴う転勤に置き換わるカタチで、長期出張が増えると予想されます。月初めの1日から10日まで出張したり、毎週月火水だけ出張したり、隔月で出張先に滞在したりといった働き方が増えていくのではないでしょうか。

そうなると、総務担当者の仕事も変わっていくことになる可能性は大。転勤に伴う借り上げ社宅の手配に加えて、長期出張の段取りを担うことになるはずです。

転勤者の住まいは賃貸物件ですが、長期出張といえば主にマンスリーマンションに滞在します。このマンスリーマンション手配の担当者と社宅の担当者は同じか、すぐ隣りといったごく近い関係です。同じ総務管轄だからです。

私は、クライアントの総務担当者にヒアリングしてみました。返ってきたのは「マンスリーマンション探しや手続きが手間なので困っている」という悩みでした。

もし、転勤や出張の手配の窓口が一本化できれば、業務が圧倒的に効率化できることがわかったのです。

検索と契約の手間を省く、マンスリー代行「MONTHLYBANK」

私たちは、空いている賃貸マンションを借り上げてマンスリーマンションとして貸し出すというビジネスも手がけています。

あるとき、私たちが持つ東京・大井町のマンスリーマンションについて、お付き合いのあるクライアントからこんな問い合わせが入りました。

「隣の部屋で別の会社がマンスリーマンションをやっているみたいなんだけど、空いていないかな？　空いていたら、隣も借りたいんだけど……」

私は、隣のマンスリーマンションの運営会社に電話してみました。すると、空いていたのです。

私は、クライアントに隣のマンスリーマンション運営会社を紹介しました。しばらくして、その担当者からまた電話がかかってきました。

「紹介してもらったマンスリー会社、あまり対応が良くないんですよ。LDKが間に入ってくれませんか？」

私は、隣の部屋を持つマンスリーマンション運営会社に連絡して「私たちがずっと担当しているお客さんなので、私たちで対応したいんですが」と交渉してみると、「それじゃ、借りてください」と言うではありませんか。つまり、LDKがそのマンスリーマンションを借り上げて、クライアントにまた貸しするならかまわないというわけです。

結局、LDKのマンスリーマンションに加えて、隣の他社のマンスリーマンションも、我が社で借り上げて提供することになりました。

「あれ？　ちょっと待てよ。これだ！」

私はひらめきました。

賃貸物件は、大手不動産ポータルサイトに全国津々浦々の情報が一元化されて掲載されています。A社が管理する物件もB社が管理する物件も掲載されています。仲介会社は、基本的にどの物件も仲介できます。

ところが、マンスリーマンションは大違い。C社のマンスリーマンションを借りたければC社に、D社のマンスリーマンションを借りたければD社に問い合わせなければならないのです。C社の物件はC社と、D社の物件はD社と契約しなければなりません。契約書も各社異なります。

それなら一元化してしまえばいいのです。LDKが他業者のマンスリーマンションを借り上げて、貸主としてクライアントへ転貸するサービスを立ち上げました。その名も「MONTHLYBANK（マンスリーバンク）」。

全国のマンスリーマンション運営会社と提携して、物件探しから契約、入居、入居後のサポートまでワンストップで代行するという業界初のサービスを始めました。

企業の総務担当者からすると、マンスリーマンション探しから支払いまで、LDKとだけやり取りすればすべて完結するという仕組みです。

たとえば、新入社員の研修を全国配属の前に東京で入社式の4月1日から4月末のゴールデンウィーク前まで実施する企業があるとします。

ホテルに泊まると1泊1万円くらいしますが、マンスリーマンションなら５０００円くらい。ホテルでは自炊ができなかったり、空間が狭かったり、バルコニーもなかったりしますが、マンスリーマンションならこうした課題も解消できます。しかし、マンスリーマンションを人数分用意するのは困難でした。それをＬＤＫが丸ごと引き受けることにしたのです。

「私たちこんなことをやろうと思ってるんです」

とクライアントに打ち明けたところ、

「有村君、ほんまにやるの？」

「やります」

「やるなら全部振りたいんだけど」

といったように、すごい勢いで伸びています。大当たりしました。

ＬＤＫは全国のマンスリーマンション会社と提携することによって、一気に全国の物件を紹介できるようになりました。ＬＤＫは日本一マンスリーを紹介できる会社になったと自負しています。

家具・家電のレンタルサービス「ｒｅｍｐｌｅ（レンプル）」

転勤にしろ長期出張にしろ、生活に欠かせないのが家具・家電です。

かつての大手企業の社有社宅や社員寮には、家具・家電が付いているのが一般的でした。その名残りからか、借り上げ社宅になっても単身者向けに家具・家電付きにしている会社があります。

中には、若手社員がワンルームマンションの社宅に入るたびに、総務担当者が家具・家電をわざわざ買って送っている会社もありました。ある企業は、若手社員のために家具・家電を一式購入20万円分くらい買っていました。こんなことをしていては、総務担当者の負担もコストも大きい。

そこで、ＬＤＫは定額制の家具・家電レンタルサービス「ｒｅｍｐｌｅ（レンプル）」を始めました。レンプルとは「レンタルをシンプルに」という意味。社員公募で決まった名前です。

たとえば、家賃に1万円を上乗せして家具・家電付き物件にするわけです。企業からしたら、月1万円の負担増ですが、家具・家電を買わなくてすみます。手配も管理も不要になります。

LDK以外にも、家具・家電のレンタルを手がけている会社はあります。ところが、企業が困っていたのは、料金設定の細かさや2年契約が基本になっていること。解約時期によって月当たりの料金が変わります。そこで、私たちが考えたのは、いつ契約を解除しても月当たりの料金が一定というものでした。

配送料も、エリアや物件にエレベーターが付いているかどうかといったことに関係なく一定額にしました。その名の通りシンプルなサービス設計にしたのです。

このレンプルは、借り上げ社宅制度を導入していなくても、家具・家電のレンタルだけで利用することもできます。

私たちは、借り上げ社宅から始まって、マンスリーマンションや家具・家電レンタルへとサービスメニューを広げてきました。ここまで一気通貫でやっている会社はほかにあまりないでしょう。両方任せることができれば、総務担当者の負担が大幅に軽減できます。

私たちが目指すミッションは

「人の異動に関わる課題を自社のサービスで解決すること」

です。

人の異動は日本国内にとどまらない!?

みなさんは毎日何度も外資系IT企業の検索エンジンを使って検索していることでしょう。欲しいモノがあれば、外資系インターネット通販サイトですぐに購入できます。人気店の料理を食べたくなったら、外資系フードデリバリー会社のサービスを使うかもしれません。

私たちの生活には、当たり前のように外資系企業のサービスが浸透しています。

LDKのクライアントも、コンサルティング会社からIT企業、金融機関まで、世界的な外資系企業が少なくありません。ヨーロッパの世界的ファッションブランドの日本法人の社長や人気スポーツの外国人監督の社宅探しもお手伝いしたことがあります。

このため、LDKには国際事業部があり、英語や中国語で対応できるスタッフがいます。実際に、外国人の方から英語で問い合わせが入ることがあります。時には、オフィス内で外国人に英語で賃貸契約の重要事項説明をやっています。

今はダイバーシティの時代。多様な人たちの多様な働き方をサポートする社会的意義は大きなものだと思っています。

国際事業部のメンバーは海外へビジネスを広げたいと言っています。私は英語がまったく話せませんが、もしかすると、海外への転勤や出張にも対応できるサービスが社員たちから生まれるかもしれません。

「社員が住むところ革命」へ

大手企業の多くが本社や研修センターなどで新人研修を実施します。ゴールデンウィークまでだったり、6月末までだったりと期間はさまざまですが、東京に集めて研修する企業が少なくありません。

私たちは、その研修期間中に新入社員が滞在するマンスリーマンションを提供しています。

研修後、本配属先が決まると、借り上げ社宅探しです。新人研修中に物件の条件をヒアリングしておいて、マンスリーマンションに住んでいるときから物件資料を送ってやり取りすることもあります。

マンスリーマンションはマンスリーマンション業者に、借り上げ社宅は別の仲介会社にといった具合に分割して発注するのは総務担当者にとって大きな手間。LDKなら窓口を一本化できるわけです。

これまで繰り返し述べてきたように、かつては社有社宅や社員寮全盛の時代がありました。

バブル崩壊後の経営スリム化の時代には、社有社宅や社員寮を手放して借り上げ社宅へ移行する企業が増えました。

そして今、会社命令の転勤すらなくなろうとしています。

一方で、社員寮を復活させたり、シェア式の企業寮が誕生したりといった古き良き社員寮文化をアップデートさせる取り組みも始まっています。

会社に勤める人たちの住まいは、時代とともに移り変わっていくのです。

企業の転勤や出張のスタイルは多様化が進んでいきます。今の私たちが予想もしなかったスタイルが生まれるかもしれません。今後はますます柔軟で迅速な対応が求められるのです。

しかし、どんなに時代が変わろうと、社員たちが異動し、どこかしらに住むのは変わりありません。異動と住居が不要になることはないのです。

私は「借主コンサルティング」とも呼んでいますが、私たちはあくまでも「借り手のエージェント」として、企業のニーズに合わせた多様な借り方を提案していきたいと考えています。

この激動の時代、総務担当のみなさんと一緒に、新しい社員の住まいのカタチを追求していきたいと思っています。

COLUMN

年間延べ1200人の異動をサポート

あるとき、出張が多いM社から問い合わせが入りました。

M社は、1カ月に100人もの出張があるというのです。マンスリーマンションの新規利用が月100人、しかも年中あるというではありませんか。だから年間延べ1200人です。

担当者5人で月100人の異動を回しているとのこと。毎月5日に辞令が出て、10日には物件を決めなければならないそうです。

それなら私たちが物件を月100件用意しますと提案しました。

ところが、マンスリーマンションは1件1件値段が違います。それは面倒臭いと言われました。

私が提案したのは、日本全国のビッグデータからエリアごとに相場を叩き出して、エリアごとの定額制にしたのです。このやり方を採用してもらえました。

LDKがお手伝いすることになった結果、クライアントはかつて正社員5人で回していたマンスリーマンション業務が今はたった1人になりました。

第７章

これでわかった！「借り上げ社宅制度」Q&A

ここまで読み進めても、まだ疑問に思う点があるかもしれません。この章では、ここまでの振り返りも兼ねて、素朴な疑問にお答えしていきます。

Q　敷金・礼金は社員が払うのですか？

A　礼金を自己負担にする企業も

大手・上場企業の場合、敷金・礼金は会社が負担するのが一般的です。ただ、敷金は会社負担でも、礼金は本人負担という会社もあります。

礼金を自己負担にしている企業があるのは、いくつか理由があります。

1つ目は公平性の問題。礼金は、かかる物件もあれば、かからない物件もあります。

2つ目は抜け道の問題。借り上げ社宅には家賃の上限を設けるのが基本。会社によっては上限を超えた物件は借りられません。これを逆手に取って、家賃を下げた分を礼金に上乗せして、基準をクリアするという手法を防ぐためです。

たとえば、家賃9万円が上限なのに、家賃10万円の物件に住みたいとします。しかし、規定を1万円オーバーしていて借りられません。そこで、家賃を9万円にして、月1万円減額の2年分、24万円を礼金に乗せて借りるという手法です。これならオーナーの収益は変わりません。

礼金を会社負担にするとこうした問題が起きる可能性があるので、自己負担にしている企業があるのです。

礼金を会社負担にしている場合でも、「礼金2カ月まで」と上限を設けるのが基本です。

LDKの場合、礼金は自己都合の引っ越しでは自己負担、会社都合の転勤なら会社負担にしています。LDKの場合は転勤者でなくても社宅に住んでいるので、自己都合の引っ越しのたびに礼金を会社が負担するわけにはいかないという考え方です。

転勤者が少ないのに借り上げ社宅制度を導入している会社はまだ少ないのですが、いろんな従業員に幅広く利用してもらうことを想定するなら、礼金は本人負担にしたほうがいいと思います。

一方、敷金は会社負担にしているケースが多いのですが、すぐに経費として処理できないことに留意してください。

敷金は経理処理上、「預り金」という科目になります。経費にはなりません。預け入れているだけで、いずれ戻ってくるお金だからです。キャッシュが預かり金に変わるだけです。

敷金の預け入れ額が増えれば増えるほど、自由に使える手元の現金は減っていきます。それなのに、会計上のキャッシュは膨らんでいくという現象が起こります。このため、敷金を会社負担にしたくないと考える経営者も少なくありません。

住居用よりも、オフィス物件を借りるときのほうがこれは如実に表れます。オフィス物件の敷金は家賃の12カ月分が一般的で、たとえば家賃250万円のオフィスを借りたら、3000万円の敷金を預け入れることになります。

この3000万円は経費ではありません。預り金になるのです。通帳からはお金が減っているのに、会計上のキャッシュは減りません。

退去するとき、原状回復費で1000万円かかったら、やっとこの時点で3000

万円のうちの1000万円を経費にできるのです。

住居用なら、オフィスに比べれば家賃が安くて敷金も2カ月分くらいだからといって、甘く見るのは禁物。

たとえば、家賃20万円の物件を社員30人が借りるとしたら、敷金を総額600万円預け入れることになります。この600万円は経費にできず、なおかつ一切使えません。

社員数がもっと多い会社なら、敷金だけでもものすごい負担になります。

会計上、敷金を負担するとキャッシュフローが厳しくなる面があることには注意してください。

Q 社長がすでに持っているマンションを社宅にすることはできますか？

A 企業が上場しているかによります

これは、上場企業と非上場企業で対応が分かれます。まず、上場会社では、社長が持っているマンションを社宅にすることは原則としてできません。

というのも、「関連当事者取引」というのを制限するルールがあるからです。関連当事者とは、親会社や子会社、役員とその親族などのこと。社長は関連当事者に当たります。

上場企業の場合、関連当事者との取引を開示しなければなりません。関連当事者取引では、会社ではなく本人の利益になるものは認められません。上場企業の社長が自宅を社宅にするのは関連当事者取引に該当して、なおかつ会社の健全性を害すると判断される可能性が高いのです。

このため、上場企業の場合、社長に限らず役員の自宅を借り上げ社宅にすることは基本的にできません。

非上場企業の場合、社長の自宅を借り上げ社宅として使うことは可能です。ただ、自宅を借り上げ社宅にするなら、近隣の賃貸物件の相場と同じくらいの家賃設定にすべきです。

たとえば、私がマンションを持っているとします。それを自社のLDKの役員に借り上げ社宅として貸すとします。家賃相場が20万円なのに、私が手取りを増やそうと家賃40万円で貸すとします。報酬を20万円増やせば税金や社会保険料が上がりますが、社宅の会社負担分なら上がらないからです。しかし、税務調査が入れば、「家賃は20万円相当で、残りの20万円分は所得と見なす」と指摘される可能性が高い。そうなると、追徴課税などを納めることになりかねません。

自宅を社宅にして家賃を不当に引き上げることによって税金や社会保険料の負担を減らそうとするのは、やめたほうがいいと思います。

Q 社員寮と社宅はどう違うのですか？

A 厳密な定義の違いはありません

第1章でも触れましたが、社員寮も社宅も、会社が福利厚生の一環として社員に住まいを提供するのは同じです。厳密に、社員寮と社宅の違いが定義されているわけでもありません。

社員寮というと、共同の玄関があり、大食堂があるというようなイメージでしょうか。ファミリー向けの住まいを寮とは呼ばないので、単身者向けに限ると思います。社宅よりも、社員寮のほうが共同生活の色合いが濃いでしょう。

大手鉄鋼メーカーやメガバンクなどには社員寮を所有している企業がありますが、かつてに比べれば減りました。今の若い社員が入りたがらないことに加えて、コロナ禍によって集団生活を避けなければならなくなったことも寮離れの一因です。社員寮は維持管理費もかかります。

一方、社宅は、社有社宅と借り上げ社宅の2種類があります。社有社宅は、一般のマンションや団地のような建物を自社で所有する方式。借り上げ社宅は一般の賃貸住宅を借り上げて社宅にする手法です。

Q　借り上げ社宅では、社員に手当が還元されるのですか？

A　還元されることはありません

借り上げ社宅の場合、社員に手当は支給されません。物件を契約するのは会社です。家賃は会社が支払います。

社員は、自己負担分を給料から天引きされるのです。このため、社員に手当が支給されて、社員が家賃を振り込むわけではありません。借り上げ社宅に住めば、社員は家賃を振り込みに行く手間が省けて、さらに振込手数料を負担しなくていいというメリットがあります。

第3章で解説しましたが、借り上げ社宅には節税効果もあるため、自己負担額が同じでも住宅手当に比べて手取りが増えます。

一方、住宅手当や家賃補助といった制度を導入している企業もあります。これらは、手当として社員に支給されて、家賃は自分で振り込むことになります。

Q 借り上げ社宅に無料で社員を住まわせていいですか？

A 節税対策にはならないのでやめたほうがいいでしょう

原則として、社員を無料で社宅に住まわせると課税対象になります。社員の場合、最低でも家賃の20％くらいを徴収しましょう。家賃7万円なら自己負担は1万4000円以上です。

実際には、借り上げ社宅の自己負担分を算出するための細かいルールがありますが、1件1件計算するのは骨の折れる作業です。自己負担が20％以上なら問題になることはないはずです。

たとえば、社員を家賃10万円の物件に無料で住まわせたとします。もし、税務調査が入って、本来は月2万円を自己負担すべきだと指摘されたとします。2年間にわたって無償だったなら、総額24万円分にかかる所得税と社会保険料、さらに追徴課税を納めなければなりません。万が一、そうなったとき、経営者は社員に「過去にさかのぼって税金を払え」とは言えないと思います。会社の不手際が原因で、社員に責任はないからです。結局は会社が追徴課税などを負担しなければならなくなるでしょう。

最初からきちんと社員から家賃の20％は天引きするようにしましょう。

ただ、例外があります。

看護師や守衛など、勤務場所から離れて住むことが困難な場合、社宅や社員寮を無料で提供しても課税されないことがあります。

Q 社員からの家賃は給料から天引きしていいのですか？

A 天引きすることは可能です

第4章で触れましたが、給料から天引きすることができます。

ただし、給料は全額お金で払わなければならないと法令で定められています。天引きする場合、社員の同意を得て、労使協定を結ばなければなりません。会社が勝手に天引きしてはいけないので注意が必要です。

Q 一人暮らしの借り上げ社宅の広さは平均してどれくらいですか？

A 6～8畳でワンルームが一般的

新人など若手単身者の場合、6畳から8畳くらいのワンルームや1Kタイプが一般的です。

一人暮らしといっても、家族持ちの単身赴任は事情が異なります。配偶者や子どもが泊まりに来ることがあるからです。それだとワンルームでは狭すぎます。家族持ちの単身赴任者の場合、家族が泊まれるように1LDKや2LDKを借りることが多い。ところが、「せっかく広めの物件を借りたのに、家族が全然来てくれなかった」という笑い話も、たまに耳にします。

Q　社宅よりも社員寮のほうが安いイメージがありますが？

A　営利目的ではないので安い傾向が

労務行政研究所が2016年に実施した「独身寮・社宅に関する実態調査」によると、社員寮の寮費は平均1万1302円でした。食事が提供される場合、外食よりも安い値段設定になっていることが多い。水道光熱費の負担は会社によって異なりますが、独身寮はかなり安く住めるのが一般的です。

社宅と社員寮の定義が明確でない以上、費用を比較するのも難しいですが、社員の負担を考えると社員寮のほうが軽いでしょう。

それでは、なぜ社員寮はこんなに安いのでしょうか？　営利目的かどうかの違いがあるからです。

借り上げ社宅の物件は、一般市場の賃貸物件です。ということは、オーナーは借り手に物件を貸して利益を得ているわけです。つまり、家賃に利益が乗っています。

一方、社員寮は、利益を目的とした賃貸物件ではありません。完全に社員の福利厚生のためのものです。つまり、社員寮の寮費には利益が乗っていないのです。その分だけ安いのは当然でしょう。

Q　社宅は自分では選べないですか？

A　会社によって異なります

これは会社によります。一定の条件のもとで社員が自由に選べるようにしている会社もあれば、会社が一方的に物件を決めるケースもあります。
どちらかというと、自分で選べるほうが多いと思います。

Q　古くて安い物件を社宅にしていいのですか？

A　会社の規定によって異なってきます

これも会社の規定によります。最近は、古い物件を不可にしている会社が増えてきました。

これは、1981（昭和56）年に建築基準法が改正されて、新耐震基準が設定されたことと関係します。総務担当者ならわかると思いますが、大地震が起きて、旧耐震基準の社宅が倒壊して社員が亡くなったとします。そうなると、「何でこんな物件を借りたんだ？」と責任問題になりかねません。社員の安全を守るためにも、会社のリスクマネジメントのためにも、旧耐震基準の物件を不可にしている企業が多いのです。

企業によっては木造が不可というケースもありますが、これも火災や倒壊の恐れがあるからでしょう。

借り上げ社宅は、企業の名前で借りることになります。「できるだけ問題にならないような安全な物件」を選択するようなルールにするわけです。

ちなみに、LDKも昭和56年以前の物件は不可にしています。どんなに本人が気に入ったとしても、会社が設定している安全基準に満たない物件とは契約できません。


安い物件を不可にしている会社はあまりありません。

すでに触れましたが、自己負担率が20％の場合、家賃4万円の物件なら8000円、家賃が2倍の8万円の物件なら1万6000円です。自己負担は月8000円の差しかありませんが、4万円と8万円の物件は天と地ほどの差があります。そうなると、上限ギリギリを借りたくなるでしょう。わざわざ安い物件を選ぶ社員は少数派です。

Q　退去時のトラブルにはどんなことがありますか？

A　精算でもめることが多いです

退去時にもめるのは退去精算です。

「入居者がキズを付けたのか、元々あったキズなのか？」

「変色したクロスの交換費用は入居者が負担するのか？」

といった原状回復費を払う払わないの問題に帰結します。

これは、借り上げ社宅に限った話ではありません。個人で賃貸物件を借りていても、退去時に起こりえるトラブルです。

退去時のトラブルは「出口」の問題ととらえられがちですが、入居時の「入り口」の問題ととらえて、契約書をきちんとチェックするなど、未然に防ぐことが大事です。

契約の時点で、退去時の精算は国交省のガイドラインに沿ったものであるかを必ず確認しましょう。

たとえば、国交省のガイドラインでは、クロスは6年経ったら1円の価値しかありません。極端な話、6年住めば、請求されても1円です。このガイドラインのことを知っているのと知らないのでは大違い。借り手がガイドラインを知らなかったら、オーナーの言い値になってしまいかねません。

最近は「入居時チェックシート」というのを使う管理会社が増えてきました。これは、入居時にどこに傷があるかをチェックするためのものです。あらかじめ「ここに傷がある」というのをピックアップしておいて、退去時のトラブルを防ごうというわけです。このシートにチェックしておけば、退去時にキズがあっても「これって最初からありましたよね？」と言えるわけです。「元々あった」「いやなかった」の水掛け論になるのを防げます。

入居時は、借り手も貸し手もハッピーです。お互いがハッピーなうちに、シビアな問題を精査してしまうのがとても大切。これを怠ってしまうと、退去時は無関係になる人間同士でもめてしまうのです。

最近はさすがに少なくなりましたが、かつてはクロスの張替代もすべて請求してくる管理会社がありました。そもそも物件選びの時点で、こうした管理会社が管理している物件は避けるべきです。そうした情報は法人契約に精通している仲介会社なら持っているはずです。

退去時の精算について会社がどれだけサポートするかは、会社によりけりです。原状回復費を会社が払ってくれるケースも一部ありますが、基本的には社員負担です。これは「傷つけないように使ってほしい」という会社側のメッセージでしょう。どんなに雑に住んでも会社が原状回復費を払ってくれると思ったら、部屋を大切に使わない社員もいるでしょう。本人に払わせるということが、もしかしたら部屋を汚さないための抑止力になっているかもしれません。

会社からすると、Aさんは大事に使って原状回復費を求められなかったのに、雑に使って傷つけたBさんの原状回復費を払うというのは不公平感があります。

だから本人負担にしている会社が多いわけです。

Q　個人事業主でも社宅を利用できますか？

A　「個人」なので借りることはできません

個人事業主本人は借り上げ社宅に住めません。あくまでも法人化していることが条件です。

Q　総務部門の社宅担当者は何人くらい必要ですか？

A　会社の規模によります

借り上げ社宅に入居する人数が30人くらいなら、担当者1人でカバーできます。社宅入居者が50人くらいになると、もう1人フォローを加えて1・5人くらい必要になるでしょう。

社宅に入る人数によっては、社宅代行会社に管理を委託することも検討してはいかがでしょうか。

社宅入居者が30人くらいでもアウトソーシングしている会社もあれば、100人くらいいても総務1人で担当している会社もあります。他の仕事がどれくらいあるかとの兼ね合いになると思います。


社宅業務のボリュームは、入退去時は多いですが、それ以外の時期は何にもなければ家賃を振り込むだけです。ほとんど何もすることがありません。

一番大変なのは契約書のチェックと、退去時の精算です。時期的には3～4月で、退居と入居の時期が重なります。

物件を決めた後、入居までにお金を振り込まなければいけなかったり、未上場企業ならさまざまな書類を揃えなければならなかったりと、3～4月はスピーディーな作業が求められます。

それなのに、仲介会社から会社の規定に合わない契約書が送られてきて、何度もやり取りしなければならなくなるのは避けたいものです。だからこそ、法人契約に通じている仲介会社と付き合ったほうがいいのです。

Q　入居中の近隣からのクレームが会社に入ることがありますか？

A　その可能性はあります

借り上げ社宅に住んでいる社員が夜中にバカ騒ぎなどをして近隣住民からクレームが入ると、管理会社から会社に連絡が入る可能性があります。

「101のSさんがめちゃくちゃうるさいんですけど」「夜中に友達を家に呼んで、どんちゃん騒ぎをしてる」といったクレームが総務に届く可能性があるということです。

社員のほうも、「S君ちょっといい、私生活、ボロボロですね」などと、総務担当者に言われたくはないもの。たとえ一般の賃貸物件でも、会社の冠で契約している社宅に住んでいるという自覚を社員には持ってもらうようにしましょう。

Q 友達を居候させてはいけませんか？

A 基本的にはNGです

契約上、入居者しか住めないことが明記されています。

ただ、単身者用のワンルームや1Kでも、2人で住んではいけないということではありません。中には1人しか住んではいけない物件もありますが、オーナーに申告して了解を得れば2人で住むことも可能です。オーナーに無断で住まわせるのは契約違反です。

それでは、総務担当者に「同棲します」「友達と一緒に住みます」と言えるでしょうか？

会社から「法人名義で社員のために借りているのに、自社の社員以外が住むのはおかしいですよね」と言われたときに、返す言葉がないでしょう。

ちなみに、借り上げ社宅の規定に「他人を住まわせてはいけない」といった文言を入れることはまずありません。

Q 会社を辞めたのに、社宅に居座り続ける人はいませんか？

A 負担額が変わりますが、借り続けることは可能です

実際にそのような事例もあります。たとえば、Kさんが借り上げ社宅に住んでいるとします。Kさんが退職したら、イコール退去です。

ところが、「個人契約で借りたい」と言って、引き続き借りる人もいます。この場合、法人契約から個人の契約に切り替えることになります。

ただ、オーナーが「社宅だから貸していたけれど、Kさん個人には貸さない」と契約変更を断るケースや審査が落ちるケースもあります。場合によっては、個人契約に切り替えられないこともあるのです。そのときはKさんが退去するしかありません。

実際には、個人契約への切り替えを希望する人はそう多くはありません。ほとんどの人が出て行きます。

というのも、借り上げ社宅と個人契約では自己負担がまるで違うからです。たとえ

ば、月3万円の自己負担で家賃15万円の物件に住んでいたとしたら、仕事を辞めてもそこに住み続けるでしょうか？

社員は会社を辞めるとき、改めて借り上げ社宅制度の素晴らしさを痛感させられることでしょう。

中には、大手企業から大手企業へ転職する人もいます。転職先にも借り上げ社宅制度があれば、法人の名義を切り替えて同じ物件に住むケースはあります。

極めてレアケースですが、退去しなければいけないのに出ていかない元社員がゼロではありません。

会社を辞めた社員が出ていかなくても、会社は法人契約を打ち切ります。会社としてはノータッチです。後は、オーナーと元社員とのやり取りになります。オーナーは、立ち退きを求めても出ていかなければ裁判を起こすしかないでしょう。オーナーから「おたくの元社員が居座っているから、何とか連絡を取って説得してくれ」と頼まれることはあるでしょう。

私が社員のみなさんにアドバイスするのは、大手企業に勤めていて借り上げ社宅に住んでいるなら、退職前の在職中に次の住まいの契約をしてしまったほうがいいということ。

大手企業に勤めているなら、賃貸契約の審査で落ちることはありません。賃貸に住むときに限らず、マイホームを買うにしても、会社を辞める前にローンを組んでしまったほうがいいでしょう。

Q　UR賃貸も社宅にできますか？

A　可能です

UR賃貸も社宅にできます。UR賃貸とは、独立行政法人都市再生機構（UR都市機構）が管理する公的な物件です。

UR賃貸は、礼金も仲介手数料も不要です。しかも、家賃が相場より若干安めです。それでいて、新しい物件やいい物件が意外とあります。このため、社宅はUR賃貸で探すのを原則としている会社があるくらいです。UR賃貸の物件がなければ一般の賃貸物件と契約するというスタイルです。

ただ、外観が団地っぽいのを嫌う人はいます。UR賃貸はファミリータイプが多く、単身者向けが少ないのも難点です。

Q　借り上げ社宅が空いたので、友人の会社の社員を住まわせることはできますか？

A　自分が勤めている会社の社宅なのでできません

基本的にできません。一代限りの特約を外していれば、同じA社で入居する社員が変わることは可能です。しかし、別のB社の社員を住まわせることはできません。A社との契約を解除して、改めてB社と契約することになります。

こっそり住まわせるのも契約違反です。誰が入居しているかはきちんと伝えなければなりません。

おわりに

企業の信用力の大切さを知った原体験

私がなぜ、法人仲介に携わるようになったのか。なぜ、社宅を通して社会に貢献しようと考えるようになったのか。少し経緯をお話しさせてください。

小学校のときから野球に熱中していた私は、野球推薦で金光第一高校（現・金光大阪高校）に入学しました。強豪ひしめく大阪府にあって、金光第一高校もそのうちの1校でした。PL学園の松井稼頭央さんら、後にプロ野球やメジャーリーグで活躍する選手たちとも対戦したものです。

今は高校野球でも科学的なトレーニングが当たり前になりましたが、私が高校球児だった1990年代はまだ根性論の時代でした。猛練習の日々を送っていたのです。

私は3年生のときに3番ファーストのレギュラーをつかみましたが、府大会ベスト4が最高で、甲子園出場は叶いませんでした。

私は、大学進学を目指す特進科に通っていましたが、母子家庭だったことから高校卒業後は就職をすることにしました。ちなみに特進科で就職したのは私1人でした。

高3の4月には社会人野球の日本たばこ産業（JT）から誘いを受けていた私は、夏の大阪大会に負けると、もうやることがありませんでした。JTはマイカー通勤だったことから、自動車免許を取りに行きました。

10月、学校帰りに制服を着たまま自転車にまたがってカーディーラーを訪れました。

「このクルマ、ください」

私は、300万円くらいの新車を指さしました。店員に「何言ってるんだ君、高校生だろ」と追い返されてしまいました。

「これは高すぎたな」と思った私は、別のディーラーに入って、180万円くらいのクルマを指さして「これください」と言ってみました。そこの店員は話を聞いてくれたので、JTに内定していることを説明したら、保護者の了解があれば売ってくれると言うではありませんか。

改めて母親と一緒にディーラーを訪れると、クルマを買うことができたのです。

「JTって、すごいな」

そのとき、私は高校生ながら大手企業の社会的信用力の大きさを思い知らされたのです。

10年の予定だった和菓子修業をわずか1日で断念

JTの社会人チームで野球を続けていましたが、23歳のとき、プロへの道をあきらめて退職することにしました。

3月にJTを辞めて、4月からは高校時代にクリーンナップを組んだ同級生と一緒に大阪の地元の不動産会社で働くことにしました。そこは地元で数店舗展開している不動産会社。私の実家は高槻市なので、そこから近い茨木店への配属が決まっていました。

ところが、急きょ実家が営んでいる和菓子屋の跡を継ぐことにしたのです。それで不動産会社の入社を断りました。

父が他界したのは私が14歳のとき。以来、母は女手一つで和菓子の製造販売業を続けていました。このお店を自分が守ろうと決心したのです。

私は、岡山県にある和菓子屋に修業に出ることになりました。

「10年は頑張ってきなよ」

母親に送り出されて、私は新幹線に乗って岡山に向かいました。

実は、私は和菓子屋の息子なのに、あんこアレルギーなのです。あんこどころかお餅も食べられません。和菓子全般が大の苦手。

小学校の給食のとき、きな粉のついたわらび餅が食べられず、ずっと教室の後ろに残されていたような子どもでした。先生が見ていないすきに、パンにはさんでランドセルに入れて持ち帰っていたくらい触るのも嫌でした。

「お前、あんこ食われへんらしいやんけ」

岡山の和菓子店に着くと、店主にそう言われました。

「頑張って食べます」

「味見できるのか？　これを食べてみろ」

大福を渡されましたが、持つのも初めて。手がプルプル震えました。意を決して口の中に大福を運びましたが、我慢できずにすぐに吐き出してしまいました。

「そんなんやったら無理だから、帰れ！」

私は「もう1回頑張ります」とは言わずに、

「じゃあ帰ります」

と岡山の和菓子屋を後にしました。

私の修業は、10年どころかたった1日で終わってしまったのです。

実家に戻ると、母親は「何考えてんのあんた！」と激怒していました。

2つの偶然で人生が動き出す

私は先に不動産会社に入っていた同級生に連絡して、改めて入社できるように頼んでもらいました。元々は茨木店の配属予定でしたが、入社が1カ月ずれたことで、緑地公園本店で働くことになりました。

この1カ月のずれが私の人生を大きく変えることになったのです。

その不動産会社は、よくある路面の賃貸仲介会社です。当時はインターネットが今ほど普及していなかったので、飛び込んでくるお客さんを接客していました。

私は、若手でもトップクラスの成績を上げるようになりました。それなのに、全社の営業マン約80人のうち、私の成績は10〜15位。どうしたら10位以内になれるのか、緑地公園本店の上位の人たちを観察してみたら、法人の顧客をつかんでいました。

茨木店は郊外のベッドタウンに位置していましたが、緑地公園本店は新大阪駅から3駅と都市部にあり、転勤者の多いエリアです。もし、茨木店に配属されていたら、法人仲介と接することはなかったでしょう。緑地公園本店に配属されたからこそ、法人仲介と出会うことができたのです。

もう1つ、偶然がありました。

この緑地公園本店のすぐ近くの不動産会社で働いている営業マンと知り合いになりましたが、それが後のＬＤＫの創業者です。

不動産会社への入社が1カ月ずれたことで、結果的に私の人生が大きく動き出すことになったのです。

意識の高い東京の経営者たちに衝撃を受ける

法人の顧客を持っている成績トップクラスの人たちが独立して新しい会社をつくることになり、若手の私に声がかかりました。私は新しい会社に移って、法人仲介を専門とするようになったのです。

その後、緑地公園本店時代に知り合ったＬＤＫの創業者に誘われて、この会社に移ってきました。

ＬＤＫは東京に進出し、私は２０１６年、39歳のときに責任者として大阪から東京にやって来ました。すると、見える景色が一変しました。

私は大阪時代、フルコミッションで働く不動産営業マンでした。いかにもな「イケイケ」営業マンだったのです。歩合で稼ぐことばかり考えていて、勉強なんてしませんでした。

それに比べて、東京で接する経営者たちは何と志が高いことでしょうか。

あまりに自分の視座の低さとかけ離れていて、危機感を抱きました。東京の経営者たちに刺激された私の意識は「稼ぐこと」から「社会にどうやって貢献していくか?」へと変わっていったのです。

もちろん、お金があるから成し遂げられることはあるでしょう。しかし、その先にある大切なことに気づかされました。創業者から経営を引き継いだ私は「必要とされ、役に立ち、褒められ、愛される会社になる」を自分の幸せの定義にするとともに、会社のビジョンに掲げたのです。

かつては「稼げる会社」を公言していた私が、いきなり社会貢献を理念に掲げるようになったわけです。

180度どころか、何回転したのかわからないくらいの変化です。

東京に出てきてからの私の激変ぶりを見た大阪の知人たちの反応は「有村はどうし

たんだ？」と言ったものでした。

ＬＤＫの社員たちが一番驚いたかもしれません。社員たちに理解してもらうのは大変でしたが、それでも言い続けていたら社内に浸透していきました。

社宅を通して社会に貢献したい

ＪＴで働いていた時代、

「どこで働いているんですか？」

と聞かれて
「ＪＴです」

と答えると、

「すごいですね。ＪＴで働いているんですか！」

と言われたものです。

ところが、不動産会社で働き始めた途端、まわりの人たちの私を見る目が変わりました。

「え？　不動産屋なんだ……」

と、好意的には受け取られなくなったのです。私自身は何も変わっていません。同じ人間です。それなのに、勤め先が違うだけで、まわりの人たちが受ける印象がまるで違うことを痛感させられました。

不動産屋には「地上げ屋」「土地転がし」「人をだましていそう」といったあまり良くないイメージを抱いている人が多いのです。

実は、不動産営業マンの社会的な信用が低いのはイメージだけではありません。たとえばマイホームを買うとき、ＪＴの正社員なら、よほどのことがない限り、ローンを組めないことはありません。ところが、不動産営業マンだと審査が通りにくい。とりわけフルコミッションで働いていると、どんなに稼いでいても、収入が不安定だと見なされてローンの審査が通りにくいのです。

私は、不動産業界に入って以来、ずっとこの社会的なステイタスの低さが嫌でした。

そんな私の意識を変える出来事が起きました。それが、本文中でも触れた大手保険会社の会長の社宅探しをお手伝いしたときのことです。

「こんなにいい部屋を紹介してもらったら、業績が上がっちゃうよ」

このひと言を聞いて、自分の仕事に対する考え方が変わりました。

日本には、黒字企業が３割くらいしかないといわれます。しかも、黒字企業の多くは上場企業です。

ということは、この国は上場企業の税収で成り立っている面があるのです。社宅をお手伝いすることによって大手・上場企業の業績が上がれば、それだけ多く税金が国や地方自治体に納められます。

自分たちが関われるのは社宅という入り口に過ぎません。しかし、風が吹けば桶屋が儲かるではありませんが、めぐりめぐって日本社会に広く貢献できるのではないかと考えたのです。

23歳で不動産業界に飛びこんで以来、社会的地位の低さを跳ね返すには自分たちが儲けるしかないと思っていました。自分の存在意義を証明するのは稼ぐことだったのです。ところが、自分の仕事そのものが社会のためになっていると思えるようになったのです。

私は会長のひと言に感動し、法人向けに社宅を仲介するという自分自身の仕事ならではの意義を再発見したのです。「今まで自分がやってきたことは正しかった！」と確信を持てました。

「これからも社宅で人を幸せにしよう」

そう決意したのです。

「社員の異動と住まい」をサポートするビジネスを通して社会に貢献できることを証明するために、いずれは株式を上場したいと考えています。

あの高校3年の10月、カーディーラーで「ＪＴならローン通りますよ」と言われたときと同じような社会的信用を上場することによって得るのが夢です。

スモールビジネスにも社宅制度を

私はこれまで主に大手・上場企業のクライアントを対象に社宅の仲介を手がけてき

ました。それが社会貢献につながるという信念があったからです。

しかし、数で言えば、日本の企業の99%以上は中小企業です。従業員数でも、約7割を中小企業が占めています。大手企業にとどまらず、中小企業が借り上げ社宅制度を取り入れることによって、さらに日本社会の活性化につながるはずです。

インターネットが普及し、個人が世界とつながりながらビジネスをできるようになりました。これからは起業や副業によるスモールビジネスが増えていくことでしょう。

2006年から、資本金1円で株式会社を設立できるようになりました。法人化への壁が撤廃されたのです。

法人ならば、このお得な借り上げ社宅制度をぜひ活用してほしいと思います。借り上げ社宅制度を導入するかどうかは、経営者の判断によるところだと思います。

しかし、これほどお得な制度が知られていないとすれば、こんなにもったいないことはありません。

本書が借り上げ社宅制度を導入するきっかけになり、経費節減や業績向上に少しでも貢献できたならばこの上ない喜びです。

最後になりますが、この本にお付き合いいただいた読者の皆さま、本当にありがとうございました。

2023年1月5日、岸田文雄首相は経団連など経済3団体の新年祝賀会で2023年春闘に関し「インフレ率を超える賃上げの実現をお願いしたい」と要請しました。

同じ中小企業の経営者として私にとっても非常に厳しい要求となりました。超高齢化問題、労働人口減少など労働生産性の改善を求められていく中、5%程度の賃上げ要求に応えるのは容易ではありません。

だからこそ、この借り上げ社宅制度をより多くの中小企業やスタートアップ企業に広くしらしめ、経営の力になりたいと考えていたところ、サポートチームが結成され、実業之日本社の大串喜子さん、編集担当の合同はなぱんち・長谷川華さん、フリーライターの山口慎治さんにご支援いただきながら、加筆修正を繰り返しようやく本書を出版することができました。心から御礼申し上げます。

また、いつも支えてくれている家族、お客さまと向き合ってくれている従業員、顧客や取引先などすべてのステークホルダーがいなければ出版することは叶わなかったと思います。日々を懸命に生きていく中、当たり前に感謝し、これからも社会や業界などに貢献できるよう取り組んで参ります。

本書が少しでも読者の皆さまのお役に立てることを願っております。

2023年3月

株式会社エル・ディー・ケイ
代表取締役社長　有村政高

ブックデザイン・本文DTP　朝日メディアインターナショナル
企画協力　吉田　浩（天才工場）
編集協力　長谷川華（はなぱんち）
執筆協力　山口慎治
校　正　平原琢也

【著者紹介】
有村政高（ありむら・まさたか）
法人向け不動産仲介に特化する株式会社エル・ディー・ケイ代表取締役社長。

1975 年大阪府高槻市生まれ。小学 3 年生から野球に明け暮れる。甲子園出場校の金光大阪高校卒業後、日本たばこ産業に入社し社会人野球に打ち込むもプロの道を断念し 23 歳で不動産業界へ。2006 年にエル・ディー・ケイに入社し法人仲介事業を伸ばす。08 年に取締役就任、17 年 7 月には代表取締役社長に就任。同社は現在、ミズノ株式会社はじめ大手企業約 400 社と取り引きを行い、広告宣伝費 0 円で年間 3000 件の社宅仲介を行っている。

社宅《しゃたく》でトクする！ 節税《せつぜい》できる！
中小企業《ちゅうしょうきぎょう》・ひとり社長《しゃちょう》のための「借《か》り上《あ》げ社宅制度《しゃたくせいど》」のすべて

2023年3月15日　初版第1刷発行

著　者　有村政高
発行者　岩野裕一
発行所　株式会社実業之日本社
住　所　〒107-0062
東京都港区南青山5-4-30
emergence aoyama complex 3F
電　話　03-6809-0495（編集／販売）
ホームページ　https://www.j-n.co.jp/

印刷・製本　大日本印刷株式会社

ISBN978-4-408-42133-9（書籍管理）